Harro von Senger
*Ein weisses Kreuz im Banner
der aufgehenden Sonne*
In japanischer Sprache verfasstes Tagebuch
eines Schweizers (1973-1975)

ハロ・フォン・センガー
(Harro von Senger)

日の丸の中の白十字

あるスイス人の日本語日記
(1973年～1975年)

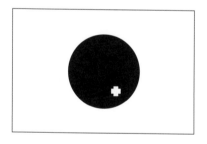

信 山 社
SHINZANSHA

はじめに

　日本学術振興会の2年間の奨学金のおかげで，私は1973年から1975年まで日本に留学させていただきました。その間，東京大学法学部の外国人研究員として，滋賀秀三恩師のご指導の下に，中国法制史を研究しました。

　フライブルグ大学ドイツ法制史教授であられた故ハンス・ティーメ先生（Hans Thieme, 1906-2000）から東京大学日本法制史教授故石井良助先生にご紹介いただき，石井先生のご仲介で，東京大学法学部中国法制史教授滋賀秀三恩師とお会いできたのでした。この場をお借りし，ハンス・ティーメ先生と石井良助先生のご冥福をお祈りし，心から感謝の気持ちを表したいと思います。また，すばらしい恩師滋賀秀三教授の暖かいご指導とご好意にも心よりお礼を申し上げたいと思います。

　日本に到着した時は，まだ日本語はよくわからず，いくつかの言葉しか話せませんでした。日本語が通じるようになるために，いろいろな日本語学校を訪問し，最後に拓殖大学語学研究所の日本語科を選びました。それは非常に良い選択でした。私の日本語の先生，向井田ひさ女史はとてもすばらしい恩師で，本当の大和撫子でした。一生忘れられません。

　日本語を勉強する一つの方法として，講義を受けるたびに，日本語で書いた日記を先生に出しました。私の日本語のレベルが低かったので，この日記の内容のレベルもアルプスほどは高くありません。時々へんなことを記録してしまいました。それももう約30年も昔の話です。

　また，この日記は私が日本語で書いたものに，向井田先生から直していただいたものですが，そのほかにも当時ドイツ語で書いたものがあります。タイプライターで行間も狭く打った，約1200ページにもわたるもので，その主な内容は，どのように日本語を習い，少しずつ

理解できるようになっていったかを綴ったものです。機会があったら，このドイツ後の日記も発表したいと思っています。

湯尾紫乃（ゆおしの）さん（ドイツ・フライブルグ大学 Albert-Ludwigs-Universität 漢学部の1997年から2001年までの日本語講師）がこの日記を大変ていねいにコンピュータで書き直してくださいました。また，上智大学神学部非常勤講師で，私が1974年から1975年までイエズス会の三木ハイムに住まわせていただいた時の寮長であられた田渕文男（たぶちふみお）神父様に2000年の7月から8月と，2001年の8月から9月にかけて，読み直していただきました。2001年8月には北海道大学法学部教授奥田安弘（おくだやすひろ）様にお手伝いいただきました。皆様に深謝の気持ちを表したく思います。

1975年4月，テヒニシェ・ルンドシャウ（『技術評論』）というスイスの新聞の1面トップに，私が5年前チューリッヒ大学の学生時代に発表した論文が知らない間に転載されていました。この論文のタイトルは，「多角的思想としてのモルフォロジーと政治の分野におけるモルフォロジー」と言います（モルフォロジーは，日本では「形態論」と訳されているようです）。

当時，東京に住んでいた私は，母から新聞記事を送ってもらい，日本語の練習のために，できればこれを日本で発表しようと思い立ち，翻訳することにしました。

その時，ある友人が私を助けてくれました。それは，東大の山崎博さんです。彼とは，東大の本郷キャンパスの水泳プールで，1975年の4月か5月頃に知り合いました。

当時，博さんは，社会科学研究所の研究補助員として，「満州関係資料」の整理を担当する臨時職員でした。今は，財団法人・家計経済研究所の研究員をしています。私と博さんは，私がスイスに戻ってからも，ずっと連絡をとり続けました。

2001年，私は，博さんに手紙を書いて，26年前に翻訳したモルフォロジーに関する論文を，もう一度読んで直してもらえないか，と尋ねました。博さんは，26年前と全く同じように，快く私の頼みを

聞いて，この論文をもう一度整理してくれました。こうして書き直してもらった論文を，この日記のなかに入れ，この場を借りて，私は，博さんに感謝の意を表したいと思います。

　私は，日本語の方が中国語よりも難しいと思います。この日記は，ヨーロッパ人が日本語をゼロからある程度まで身につけていく過程を記し，日本語がどのように難しいかを指摘しています。ですから，日本語がとても上手な著作を読みたいと思われる方には，この本は適さないでしょう。

　この日本語で書いた日本日記以外，ドイツ語の日本日記も書きました。ドイツ語の日記が約1200ページあります。タイプライターを使って狭い行間でその日記を書きました。毎週，ドイツ語の日記を私の母に次々と送りました。だから，母は，私の日本でのエキサイティングで素敵な滞在を共有することができました。この日記では，私が日本語を学習するプロセスをとても詳しく説明しました。もちろん，学問と日常生活に関するほかの内容もあります。いずれ機会があれば，この日記も公開したいと思います。

　ここでは，慶應大学の三上威彦先生と信山社の稲葉文子さんに対して深い感謝の気持ちを表したいと思います。

　時間が矢のように早く過ぎます。日本で過ごさせていただいたとても楽しい2年間を思い出しながら，今日この日記を発表し，私がお世話になった皆さんに小さな贈り物として差し上げたいと思います。

2016年7月1日

Harro von Senger
（ハロ・フォン・センガー）
Willerzell-Einsiedeln（スイス）

カバーの「日の丸の中の白十字」挿絵は，日本とスイスの友好関係，ならびに日本にいるスイス人という意味のシンボルとして掲げます。

センガーさんとの出会い

三 上 威 彦

1. ハロー・フォン・ゼンガー教授（以下，呼び慣れた名前であるセンガーさんといわせて頂く）と私とは，42年にわたる知己である。センガーさんは，1971年8月から1973年10月まで国立台湾大学法学部および国立師範大学の国語センターで中国法制史，中国語を学んだ後，1973年10月から2年間，日本学術振興会の奨学生として来日し，東京大学法学部において滋賀秀三教授の指導のもと中国法制史を研究する傍ら，拓殖大学の日本語センターにおいて日本語の勉強にも力を入れた。その後，1975年から1977年までは中華人民共和国において，北京大学歴史学部と哲学学部で中国の政治史・政治思想に重点を置いて研究した。そして，帰国後，1981年から，スイス・ローザンヌにあるスイス比較法研究所の中国および日本法専門家として研究を続け，1989年よりドイツのフライブルグ大学（Albert Ludwigs Universität）に中国学の教授として定年まで勤務した。センガーさんは，ヨーロッパでは有数の中国学の学者として知られている。

2. 私がセンガーさんと出会ったのは，彼が日本留学の2年目を迎えた1974年であった。当時私は大学の4年生であり，将来の進路に迷っていた。私は日本法制史に興味を持っており，もし企業に就職しない場合には，とくに検非違使の研究をやりたいと思っていた。検非違使は，いうまでもなく令外官であり，それを深く理解するためには，日本の律令法制に関する理解が不可欠だと考えており，養老律令の専門家である，慶應義塾大学の利光三津夫教授のもとに押しかけて教えを請うていた。その頃，東京大学で，滋賀秀三先生が中国法制史の授業で唐の律令の講義をされるということを聞いた。いうまでもなく，日本の大宝律令，養老律令は，唐の律令を模範として作られたものであり，いわば日本の律令法制度の母法である。そこで，機会があれば，

その講義を聴いてみたいと常々思っていた。そこで、こっそりと滋賀先生の授業を聴きに行った。第1回目の授業の後、大柄な外国人が私に声をかけてきて、あなたは熱心にノートをとっているけれど、私は講義の内容がよく理解できないので、そのノートをコピーさせてくれないか。ついては、その内容を一緒に読んでいただけないか、と頼んできた。それがセンガーさんだった。授業は土曜日の午前中に行われたが、私もとくにその後、出席しなければいけない授業もなかったので、滋賀先生の授業の後、センガーさんと食事をし、喫茶店でノートを読む生活が始まった。センガーさんは、一言一句曖昧にすることなく理解しようとしていた。この二人だけの購読会では、単に中国法制史のことだけではなく、日本の風俗、日本人のものの考え方、スイス及びヨーロッパ人の生活など、ありとあらゆる内容についてお互い質問し合い、答えあった。そのため、毎回、喫茶店で少なくとも3〜4時間は居座るようになった。彼は、ただでアルバイトさせるのが申し訳ないと思ったのか、ケーキを何度も注文してくれ、毎回ケーキを3〜4個とコーヒーを4〜5杯おかわりするようになった。そして、3回目の講義の後、あろう事か、センガーさんは、私を滋賀秀三先生の研究室に連れて行き、こちらは日頃お世話になっている慶應大学の三上さんですと紹介してくれた。てっきり滋賀先生にはおしかりを受けると思って身が縮む思いであったが、先生はにこにこしながら、授業はどうですかと尋ねられた。厚かましくも、私が授業について面白かった点、理解しにくかった点を何点か申し上げると、「そうなんですよ。家族法は難しいのね。」といわれ、さらに、「よかったら、最後まで授業を聴いてみて下さい。その中であなたの疑問も解けるかも知れませんので。」といっていただいた。そんなわけで、聴講のお許しを頂いたと勝手に理解して、半年間、センガーさんとともに授業聴講とノートの購読会を続けた。

　その後、私は、留学を転機として日本法制史から離れてしまい、民事訴訟法・倒産法の分野に転身してしまったが、今でもあの頃のセンガーさんとの楽しかった時間を思い出すのである。あれから40年以

上の歳月が流れたが，その間には，私のドイツ留学中に，センガーさんが不在であったにもかかわらず，彼のお母様からスイスの実家にご招待頂き1週間あまり滞在し，本当にいろいろなことを経験させて頂いた。また，私がドイツに研究出張した際には，センガーさんとドイツやスイスで何度も会ったし，彼が来日したときには必ず会って旧交を温めている。そして今でも，絶えることなくクリスマスカードの交換をしているほか，家族ぐるみでお付き合いをしている。

3．知り合った当時，センガーさんは，あらゆるものに興味を持ち，何でも知りたがろうとしていた。彼は，私より8歳年上であるが，私以上に好奇心旺盛な少年のような人物であった。それは今もまったく変わっていない。センガーさんは，何かあると，年齢や立場の違い等には一切関係なく，誰にでも積極的に質問し，その人とすぐ親しくなるという不思議な特技の持ち主でもあった。また彼は，いわゆるメモ魔であり，いつも胸のポケットに小型の手帳とボールペンを入れており，何かあると，すぐメモしていた。当時，ピンクレディーというペアの歌手による「サウスポー」という歌がはやっていたが，その歌を聴いたとき，「サウスポー」とは何ですか，と聴いてきた。スイスでは野球が普及しておらず，そもそも野球とは何か，そのルールからはじまって，サウスポーとは，チームのメンバーの一人で，守備の時にボールを投げるのを専門にする選手で，左手で投げる人のことをいうといった私の説明に，彼は，ドイツ語で，フムフムといいながら私の説明を忠実にメモしていた。そんなやり取りの中で私は，外国語に置換しやすい論理的かつ簡潔な説明をすることの重要性を学んだほか，センガーさんから，何にでも興味を持つこと，それらについて誰にでも質問すること，何か気づいたら何でもメモをすることといったことを，言葉ではなく彼の態度によって教えられた。そして，だいぶ後になって分かったことは，そういったことの積み重ねによって，単に留学生活が充実したものになるだけでなく，どんな人に対しても分け隔てなく接することができ，またお互いの国・人の立場を理解すること

によって、国際的な感覚でものが考えられるようになるのではないか、ということであった。そして私は、後にドイツに留学したが、そのときに、センガーさんが日本でやっていたことを忠実に実践してみた。このことによって、私の人脈は広がり、ドイツ人のものの考え方、生活態度、すなわちドイツの社会およびドイツ人というものをより深く理解することができたのではないかと思っている。その意味で、私の留学生活は、実り多いものであったと今でも思う。これはとりもなおさず、センガーさんのおかげである。

4．本書は、センガーさんが日本留学中に日本語で書いた日記を集めたものである。これは、何かにつけメモをしていたセンガーさんのメモ書きが基になっているが、来日したときにはほとんど日本語はできなかったそうだが、滞在することわずか2年で、これほど日本語が上達するものかということに驚かされる。たしかに、日記の中には日本語の表記として少しおかしな表現もないではないが、本書には、それをカバーしてあまりある、驚くほどの多くの多様な人々との交流と、センガーさんの幅広い興味とが生き生きと描かれている。この日記は、40年以上前に書かれたものではあるが、今でも、その内容は決して古くはなっていない。そこに記されているのは、一人の外国人がいかにして、日本社会に溶け込み、知的好奇心を満たしながら、充実した生活をすることができたかということの貴重な記録である。これは、現代の我々にとっても、有意義な生活とはどのようなものであるか、それには何が大切かといったことにつき多くの示唆を与えるものであるといえよう。本書の内容は、もちろん一般の人にとっても大変興味深いものであるが、とくに、留学を考えている人にとっては、留学生活を有意義にするための数々のヒントがちりばめられている最高のガイドブックになるものであると思われる。

  2016年7月10日

日の丸の中の白十字

目　次

はじめに………………………………………………………… v

センガーさんとの出会い（三上威彦）………………………… ix

◆日　記◆
1973年11月27日～1975年9月15日まで ………………… 3

おわりに……………………………………………………… 183

資料（証明書等）…………………………………………… 184
　　1）拓殖大学語学研究所日本語課の英文証明書
　　2）日本学術振興会会長茅誠司会長様による保証書
　　3）東京大学法学部学長池原季雄様による証明書
　　4）東京大学法学部教授滋賀秀三先生による推薦状

著者略歴（189）

日の丸の中の白十字

あるスイス人の日本語日記
（1973年〜1975年）

滋賀秀三（1921-2008）恩師

日の丸の中の白十字

■1973年11月27日

1973年秋，台北空港で撮影，これから東京に出発

福永様
　しばらくですね。お宅ではみなさんいかがですか？　写真はまだ現像できません。それでまだお送りすることができません。ごめんなさい！　現像したらすぐに送ります。いつでもぼくに大変親切にしてくれます。東京の大変面白いところを見せてくれました。どうもありがとうございます！
　いま『中国法律思想史』の翻訳をまた始めました。毎朝翻訳をします。午後授業の準備をします。夕方に拓殖大学へ講座を聞きに行きます。毎日することがいっぱいです。ですからぼくの生活は楽しいです。
　これはぼくの初めての日本語の手紙で，書くのが大変ですね。たぶん度々まちがいがあります。ごめんね。次ぎにもっと教えてください！
　体に気をつけてください。さようなら。

1973 年 12 月 19 日

1973 年 11 月 8 日，東京　日本学術振興会の福永美代子さん

東京大学法学部の学生山口洋史様に書いた年賀状

　岐阜の友達の家で休日を過ごしています。明けましておめでとう。ドイツ語の大きな進歩をお願いします。

私の拓殖大学の日本語の先生に書いた年賀状：

向井田先生
　早瀬雅啓のお家で楽しく休日を過ごしています。おかげさまでこのように日本の家庭の習慣と日本の田舎の事情を知りつつあります。大変面白いです。この日を忘れられないでしょう。
　おめでとうございます。十日にまたお会いしましょう！
　　　　　　　　　　　　　　　　　　ハロ・フォン・センガー

総理府事務官高橋隆二様と拓殖大学で知り合いました。彼はそこで外国学生に日本語を教えています。彼は今日, 次のような文句をノートに書き入れてくださいました。

書を信じる者は書なきにしかず

己こそ己のよるべ。己をかきて誰によるべぞ。よく整えし己こそ, 誠得がたきよるべなり。

日の丸の中の白十字

1974年1月7日, 岐阜学園町
友人の早瀬雅啓さんのお宅で撮影
(左から雅啓さん, 著者, 雅啓さんのお父さん, お母さん)

第二番目の文句は, 中国少林寺拳法と関係あるそうです。

■ 1974年1月10日

新年の元旦の午後, ぼくはこだまに乗って, 東京から名古屋へ行きました。そこで, 私の友達早瀬雅啓くんが待っていました。いっしょに電車で新岐阜へ行きました。

友達はお母さんに電話をかけました。10分あとで, お母さんは自動車で来てくれました。「いらっしゃい, いらっしゃい」と言いました。

友達の家で, お父さんは待っていました。大変親切な印象を受けました。

友達と私の部屋は二階にあります。日本の習慣の通りに, 畳があります。友達の部屋にはテレビがあります。

すぐ, 晩ご飯を食べました。

いろいろな特別な日本の食べ物がありました。大変おいしかったです。あとでお母さんと友達と私はフィリピンの友達の家へ行きました。帰ってから, 一緒にテレビを見ました。友達とたくさん話をしてから寝ました。

二日目の日，岐阜のお城を見に行きました。このお城は山の上にあります。美しい着物を着た大和なでしこをたくさん見ました。下に日本の田舎の景色を見て，楽しみました。

　お城を見てから，お寺を見に行きました。お寺の中に，大きな仏陀がいました。大変不思議な雰囲気でした。

　友達は，毎日私に新しい冒険をさせてくれました。初めてたくさんの日本の食べ物を食べました。日曜日と月曜日に，岐阜の近くの有名な所へ自動車で見に行きました。

　養老の滝といって，スイスのようなところです。ロマンチックな印象でした。私の友達の家で過ごした数日のクライマックスは，長島温泉を見に行ったことです。長島温泉は東洋一の温泉です。このような所は初めて見ました。午後三時に入りました。島倉千代子ショーを見ました。お父さんと友達と私は，温泉にざぶんと入りました。そのあとで，私の気分は大変よくなりました。

　七日目の日に，東京へ帰りました。日本の家庭生活の様式を理解できて，大変嬉しかったです。友達とご両親に大変感謝しています。岐阜のことは，これからあとも懐かしく思い出すでしょう。この一週間を一生忘れることができないと思います。

■ 1974年1月11日

　外国語を勉強する方法はたくさんあります。一番いい方法は，特別の先生の下で勉強する方法です。ほかの方法としては，友達と一緒に話し合うことです。私の友達の中に，鎌谷啓子様がいます。毎週土曜日の午後，鎌谷様と会って，いろいろな問題に関係あることを話します。その時，初めて相手の言った言葉はほとんどわかり

友人の鎌谷啓子さん

ませんでした。字の一つ一つの意味を尋ねなければなりませんでした。面白いですね！　けれども，鎌谷様は忍耐強い人でしたから，私にわからない字を一つずつ説明してくださいました。ですから，だんだんわかってきました。今年も，鎌谷様にまた会うのが楽しみです。

■ 1974年1月14日

　西洋人にとって，日本語を習うことはたやすくないです。三種類の字があるのです。かたかなとひらがなと漢字です。最初に日本語を勉強するのは，最初に中国語を勉強した後で日本語を勉強するよりむずかしいです。私は二年間中国語を習いました。そして，そのことがいま私にたくさんの助けになっています。

　けれども，ときどき中国語の中の漢字と，日本語の中の漢字はちがいます。この間友達と話したとき，「describe」という言葉を使いたいと思いましたが，友達は英語の「describe」がわかりませんでしたから，中国語の「形容」を友達のために書きました。それで，友達は「これは『眺める』とか『観察する』の意味です」と言いました。あとで，字引で二つの意味をみつけました。「形容」の意味とはちがいました。ですから，中国語を知っている外国人は，中国語の知識だけでは日本人の言葉がわかりません。日本人も外国人がわかりません。日本語はやはり独自の言葉です。

東京大学の友達に書いた年賀状

> 明けましておめでとうございます。
> 　　昌彦様　お元気ですか？
> 　元旦から岐阜の友達の家で大変幸せな日を過ごしました。七日に東京へ帰りました。
> 　昨年あなたに会ったのは大変うれしいことでした。いつでも私を助けてくれました。あなたの紹介で，鎌谷様を知ることができました。彼女はたくさん日本の言葉に関係あることを教えてくださいました。彼女とあなたに大変感謝しています。

今年また会いましょう。
何から何までありがとうございます。

ハロ・フォン・センガー

1974年1月9日

■ 1974年1月16日

　日本語には，外来語がたくさんあります。この外来語は，だいたい西洋の言葉から来たものです。まえに，英語やフランス語やドイツ語やほかの西洋の言葉を習いましたから，日本のこのような外来語がすぐわかると思いました。けれども，事実はそんなに単純ではありません。たとえば，友達が「シルク」という言葉を使ったとき，私は一回目も二回目も三回目もわかりませんでした。字引で調べなければなりませんでした。

　ときどき，日本語の中の外来語がすぐわかるような気がしました。けれども，詳しく見ると，その外来語の意味を誤解していました。それらの言葉は，本来の言語の中の意味と，日本語の中の意味とがちがっています。

　例をあげます。アルバイト，この言葉はドイツ語から来た日本語の外来語ですが，これはドイツ語では「働く」という意味があります。日本語では「内職をする」という意味です。

　ですから，日本語の中の外来語も大変むずかしいです。

　その上，発音が変わっているものもあるし，日本製の外国語もあるので，外国人にはむずかしいです。

■ 1974年1月17日

　中国語の一番むずかしいことの一つは四声でしょう。西洋の言葉には，四種類の音声がありません。ですから，西洋人は，ゆっくり四声に慣れなければなりません。私は一年くらいかかりました。

中国語を勉強するときのほかのむずかしいところは,漢文です。おなじ字でも,ちがう時代では,ちがう意味があります。それで,大変困ります。ぼくは,二年間毎日一生懸命中国語を勉強しました。けれども,少しだけわかってきただけです。

日本語ときたら,どんなところが一番むずかしいのか,まだわかりません。日本語の発音は,中国語の発音よりやさしいです。おそらく,擬態語と擬音語の詳しい使い方なども,むずかしいことの一つでしょう。ていねいな言葉の正しい使い方もまだわかりません。

いま,別の意見は思いつきません。多分これからいろいろな困難な点を見つけて考え込むことでしょう。

■1974年1月18日

ときどき,私は友達に
「日本の本の中でどれが一番すきですか。」
とか,
「日本の本の中で何が一番有名ですか。」
と尋ねます。一人の友達は,
「私は『雨月物語』と『源氏物語』が大好きです。手塚治虫の書いた新しいSFの本『火の鳥』(五巻)も好きです。」
と答えました。ほかの友達は
「夏目漱石の『坊ちゃん』と,川端康成の『雪国』と,森鴎外の『舞姫』と,尾崎紅葉の『金色夜叉』は,日本の一番有名な本です。」
と答えました。

こんな二つの返事があるのがへんだと思ったところ,これらの本は全部比較的新しい本でした。中国の一番有名な本よりずっと新しいです。それでいつも,「古くて,有名で,大きな影響力をもつ日本の本はありませんか」と私は尋ねます。ほかの機会にまた尋ねます。この問題の研究を,これからも続けます。

■ 1974 年 1 月 21 日

　今日の午後、部屋で中国人の友達に手紙を書きました。書いてから、郵便局へ行くつもりでした。今日も学費を払うので、私の銀行の近くの郵便局へ行きたいと思いました。2時45分くらいまで書きました。普通の日に、インターナショナルロッジから目黒駅の前の富士銀行まで歩くと、10分くらいかかります。今日、ロッジから出て来たとき、雪が降ってきました。こういう時には、よく走れません。「あまりにあぶない」と思いました。タクシーで行くほうがいいです。いつもは道路のところにたくさんタクシーが待っていますが、今日はちがいました。ですから、歩かなければなりません。

　時間が早くたってしまいました。ですから走りました。ぼくのくつは、雪に合っていないです。ですから、ときどきすべりました。二回もころびました。「あぶないといやですね」と思いました。幸い、悪い結果は残りませんでした。

　2時55分に銀行に着きました。ちょうど時間に間に合いました。雪が早くなくなるといいですね。

■ 1974 年 1 月 22 日

　毎週土曜日に駒場へ日本法律史の講座を聞きに行きます。もちろん、いまの私の日本語の知識では充分ではありません。先生の講義には学術的な専門語がいっぱいありますから、99パーセントはわかりません。

　けれども、私は特別の方法を使っています。それはどういうものかというと、まず出来るだけ先生の話すことに気をつけます。もし、一つの言葉だとわかったとき、すぐにノートに書

1974年1月19日、東京駒場で撮影
（1番右が村上好古さん、
その次が山口洋史さん）

き入れます。講座が終わってから,山口洋史さんや村上好古(むらかみよしふる)さん等の友達に会って,一緒に食事に行きます。そして,友達にノートに書いてあることを一つずつ声に出して読んでみます。そして,その一つ一つについて話し合います。ときどき,私が聞きとって書いたことが,友達にもわからないことがあります。その場合は,書いたことは無意味のことでした。私は,はっきりとは聞きとれませんでしたが,ときどきは反対によく聞きとれたこともありました。友達はすぐにわかりますし,私にそのことの意味を教えてくれます。このようにして,少しずつ用語の勉強をしています。

■ 1974年1月23日

初めて駒場へ行くと,教室ではまだ講座は始まっていなくて,ある日本人の学生が私に英語で「あなたと話すことができますか?」と聞きました。それで,「はい,できます。」と答えました。

その学生の名前は田中昭彦といいました。田中さんは,私と同じで中国法制史に興味があります。彼は英語が大変上手です。大変いい影響を受けました。そのあとで,また連絡しました。田中さんは,私といっしょに日本人の書いた日本法制史とか,中国法制史と関係のある本を読みたいと言いました。それをうれしく聞きました。「毎週水曜日の午前に会いましょう」と提案しました。田中さんも同意しました。

それから,私達は毎週水曜日の朝9時から12時まで,インターナショナルロッジでいっしょに勉強をしています。いま,仁井田陞の中国法制史の序言を読んでいます。わからないところの意味を田中さんから教えてもらいます。大変うれしい方を見つけたと思います。

 注:田中昭彦様は,その後,私が日本にいた時に,とても若い学生として日本外交官の試験に合格し,外交官に成られました。(1974年7月1日参考)

■ 1974年1月24日

中国で楊鴻烈が書いて,1936年に初めて出版した『中国法律思想

史』という本の翻訳を始めました。この本は500ページ以上あります。その十分の九が漢文で書いてあります。古い文献引用をした本文です。ですから，この本を始めから終わりまで先生と読む必要がありました。だいたい一つ一つの文の中にわからないところがありましたから。出来るだけ毎日翻訳をします。けれども，ゆっくりしか進んでいけません。上巻の96ページまで終わりました。あと50ページくらい残っています。下巻の250ページくらい終わりました。100ページくらい残っています。もし，すぐ全部終わることができたら大変幸せです。あとでたぶん日本の本の翻訳を始めるでしょう。

■ 1974年1月25日

中国人と日本人とでは，違うところがたくさんあります。いまそれがわかってきました。違うところの一つの例をあげます。

中国人はほめることが大好きです。日本人はあまりほめません。中国に着いたとき，少ししか話ができませんでした。けれども，初めの中国語の講座のときから，先生はいつでも，「あ，中国語が大変上手ですね，まだ二週間しか中国にいないのに」とこのようにほかの人に言いました。私はいつでもはずかしく感じました。もちろん，先生と向かい合っているときには，ときどき本当のことを言いました。中国人のこのような態度は，たぶん外面の観念と関係があるし，元気づけることにも関係があるでしょう。けれども，西洋人の考えでは，かなりおかしくて，不自然なことだと思われます。この場合に，ほめることをしない日本人は，西洋人と似ているようです。

■ 1974年1月28日

ある日，友達が私に，「日本ではどんなことに一番びっくりしますか。」と聞きました。「東京の天気です。」と答えました。台湾では，大勢の人達が，「東京の天気は恐ろしいです。汚染もひどいです。」と言っていました。けれども，東京の空気と天気からは，そんなに悪い影響は受けませんでした。毎日，太陽は光っています。だいたい毎日

風は新鮮に吹いているように私には思えます。毎日とてもきれいな青い空を見ることができます。もちろん，いまは冬です。冬と夏は違うと，たくさんの人が言います。けれども，人が言ったことと真実は，しばしば違うことがあります。このような経験はたくさんあります。ですから，夏を自分で過ごすまで，心配はしません。また，知らないことを心配しても仕方がありませんから，そのときまで待って，台湾の人達の言ったことが正しいかどうか，みてみましょう。

■ 1974年1月30日

部屋の中で，日本語の講座の準備をすることがきらいです。出来るだけ，外へ勉強しに行きます。東京大学インターナショナルロッジのそばに，東大の病院があります。病院はきれいな庭の中に建てられています。インターナショナルロッジからこの庭園まで，歩いて2分しかかかりません。この庭園が大好きです。毎日，ここでのんびりあちらこちらを歩きながら，日本語の前日の課の復習をします。このように，体を動かしながらする方が好きです。風が吹いているときには，かなり新鮮な空気を吸うこともできます。

でも，いくつかの仕事は，外ですることはできません。例えば，作文を書くとか，翻訳するとかなどは，部屋でする必要があります。歩きながらするのは，かなり面倒です。残念ですね。できればこのようなことも，歩きながらしたいと思います。特別な机を考えてみましょう。

■ 1974年1月31日

私が日本語を勉強するところは，拓殖大学語学研究所日本語科です。月曜日から金曜日まで，毎日2時間の講座があります。拓殖大学へ行くときには，広尾駅で日比谷線に乗ります。霞ヶ関で，丸の内線に乗り換えて，直接茗荷谷へ行きます。これは毎日5時ごろのことです。このときはちょうどラッシュ時です。地下鉄は人でいっぱいになります。すると，私は背がほかの人より高いことで大変幸せを感じます。

講座のあとで，向井田先生と一緒にそろって金門飯店へ晩ご飯を食べに行きます。食べ終わってから，私は家へ帰ります。

■ 1974年2月1日

日本語の講座の終わりに，たいてい向井田先生と一緒に食べに行きます。この機会には，たくさんおもしろい日本語の話し言葉を習うことができます。理論的に覚えた言葉を，先生と食堂の中にいるほかの人と話して，使ってみます。または，先生とほかの人が言った言葉を聞くことがあります。両方でだんだん日本語がわかるようになります。ときどき，冗談の使い方も習います。例えば，「牛負けた」とか「どうつっころばしまして，おこしてもあげません。ひとりでおきます」などです。大変うまい中国料理を食べながら，日本語のいろいろな話し方がピンとくるようになることが，大変楽しみです。講座だけでなく，この晩ご飯も大好きだぞ！

■ 1974年2月

北方領土に関する言葉
- 領海［りょうかい］
- 国後［くなしり］
- 択捉［えとろふ］
- 歯舞［はぼまい］
- 色丹［しこたん］
- 艦隊［かんたい］
- 自由主義国家圏［けん］の最前線［さいぜんせん］
- 頑強［がんきょう］

北海道では次のスローガンが見られます。
「北方領土返還［へんかん］！」

- 世界大恐慌［きょうこう］
- 猛反対［もうはんたい］

ほかの単語
- ぎょぎょ [bei Erstaunen]
- や [Gruss an ein Mädchen]

- ひどい目にあわせましょう
- コロン：Doppelpunkt
- 重[おも]きを置[お]く [wichtig nehmen]
- 再版[さいはん] [Neudruck]
- 裁判[さいばん]
- 反響[Echo]
- 製造元[せいぞうもと] [Hersteller]
- こしらえる [herstellen]
- 言い訳[わけ]をする [eine Entschuldigung erfinden]
- 虎視眈々[こしたんたん] [auf eine Gelegenheit warten]
- 狙[ねら]っている [ein Auge werfen auf, 例えば：会長の地位を…]
- 太陽熱[たいようねつ]利用[りよう]温水[おんすい]タンク装置[そうち]
- 風邪をひかせましょう [lassen wir uns erkälten]
- ものたりなくはない [genügend]
- 猫舌[ねこじた][熱いものを食べられない]
- スイスは猫の額[ひたい]のような小さな国です
- 智謀[ちぼう]：陰謀[いんぼう]の方がよく使われている。

■ 1974年2月7日

一週間前、新潟県湯沢スキー場という言葉は、私には特別な意味はありませんでしたけど、これからは懐かしく思い出すようになるでしょう。ここで、二日の休日を過ごしました。大変嬉しかったです。

二年半ぶりでまたスキーをすることになりました。岩原のスキーリフトに乗って、山の上へ行って、きれいな景色を見て、しばらく山の

日の丸の中の白十字

上にとまって日光浴をして、谷へ滑っておりていきました。スキーリフトに乗っているとき、スキーをする一番の幸せを感じました。スキーをすることは、やっぱり大変おもしろいと思いました。残念ながら、二日目には足が痛くなり、スキーを操る力がなくなったので、スキーに行くことをやめなければなりませんでした。けれども、スキーをする以外にも、ほかの遊びの方法がまだたくさんありました。時間はあまりにも早く経ちましたから、参加した私達はかわいそうだなあ！ もっと時間があればいいのにと思いました。友達の中には、一ヶ月くらいいられるスキー教室を計画して、夜は日本語の勉強をするように考えてくれませんか、と言い出す人もいました。

■ 1974年2月8日

スキーに行くとき、いろいろな新しい単語をノートに書きました。いくつかの例をあげます。
1) ある午後、「つらら」というものが家のひさしから下がっているのを見ました。
2) 誰かさんが女の人にキスをしますが、私がまねをすることができないとき、誰かさんが私に「ざまあみろ」と言えます。スキーをすることができない人が、山頂から谷へ転がりながらすべるときは、足を折ります。そのときにも「ざまあみろ」という言葉が使えます。
3) りんごを「さくさく」食べることがあります。
4) ばからしい言葉を言う人に「出鱈目言うな」と言えます。
5) 親分の下の人は「子分」です。
6) 大変きれいな女の人に「どんな仕事をしていますか」と聞いたときに、「私は美容院で働いています」と答えたら、私は「どうりでやっぱりね」と言えます。

■ 1974年2月12日

スイス日本協会のホールで1月18日に行った舞踏会で、株式会社井上電機製作所の東京駐在監査役の松原正夫（まつばらまさお）さん

と知り合いになりました。昨日，松原さんとまた会うことができました。いろいろなことを話し合いました。主に，日本語と関係のあることです。私は，日本語は世界に広く知られているわけではないし，大変難しい言葉です，と言いました。外国人から日本語を見ると，敬語が特別に複雑なものです，と言いました。「What did you say」というのは，英語では一つの言い方だけですが，日本語ではいろいろあります。一番ていねいな言い方が「何を仰せられましたか」，そして「何をおっしゃいましたか」，「何を言いましたか」，そして「何を言いやがるか」，「何をぬかすか」。こんなにたくさんの種類の言い方があります。これは外国人にとって大変ですね？という結論になりました。やさしい言葉では，「you」一つをとってもそうです。

■ 1974年2月13日

松原さんは，話し合いの終わりに，
「私はあなたに頼みがある。」
と言いました。
「私の息子のあきらと知り合いになってくださいませんか？」
と尋ねました。
「もちろんいいです。」
と答えました。
「この息子は私と断絶しています。ほとんど一緒に話しません。昔はこういうことがありませんでした。けれども，いまはこういうような出来事はたくさんあります。あきらは，東京外国語大学でロシア語を勉強しています。彼の政治の考え方は激烈です。いまは21才です。息子と母親の関係は少しいいです。けれども，母親とも少ししか話しません。あなたにあきらと話してほしいです。」
と説明しました。私は，
「3月20日と4月10日の間なら暇があります。その時また連絡しましょう。」
と同意しました。

日の丸の中の白十字

■ 1974年2月14日

　台湾で中国語を習い始めた時は、小学校の国語の本を使いました。日本でもいままでに日本の小学校の新国語の本（石森延男著、文部省検定済教科書光村図書出版株式会社、1973年出版）を4冊くらい勉強しましたから、中国の小学校の本を読んで受けた印象と比べることができます。内容としては、次の違いが一番大きいです。

　中国の小学校の本の中では、3冊目から政治色を持っている課がでてきます。日本の小学校の本の中では、いままでにひとつも政治的な課を見つけることができませんでした。日本の本に書いてある課の課題は全部遊びの話だけです。時々新しい知恵を与えてくれますが、深い意味がありません。台湾の小学校の課の問題は、反対に、大体完全に道徳教育的な目的を持っています。

■ 1974年2月15日

　日常生活に関係のあることで、台北と東京では違いがいくつかあって、私を大変びっくりさせます。本来、東京と台北とを比べると、東京の方が世界的だと思いました。けれども、そうではないところをみつけることができました。第一に、書留の手紙を外国に出したい時、インターナショナルロッジから一番近い郵便局へ行きました。しかし局員さんは、「ここではこの手紙を出すことができません」と言いました。「このような手紙を出すためには、特別の郵便局へ言ってください。」と教えてくれました。この時から、書留を外国へ出す必要のある時には、特別に、港区白金台の東京大学インターナショナル・ロッジから五反田へ行かなければなりません。たくさん時間がかかります。台北では、一番小さい郵便局でも、外国へ書留が出せます。

　注：この2月15日の日記は、以下の作文集に発表されました。
『昭和四十八年度　拓殖大学語学研究所　研修生作文集』拓殖大学語学研究所日本語課教員スタッフ編集、1974年3月22日、10ページ

■ 1974 年 2 月 18 日

　小包を送ることも，台北の方が便利です。台北の中央郵便局の中には，いろいろなサイズの空箱を売るところがあります。また，ひもをかける機械もあります。国内か国外へ何かを出したいときには，その物を持って，中央郵便局へ行って，ちょうどいい箱を頼めばいいです。大変簡単です。

　東京ではずっとむずかしいです。ぼくは，どこでちょうどいい小包の箱を買うことができるか，いまでもまだわかりません。お多福の人形などを母に送る時，先生は私に箱をくれました。ほかのおみやげも入れましたが，その箱はあまりうすくて，こわれそうでした。五反田の郵便局へ行く途中で，偶然たくさんの種類の箱が積んであるお店の前を通りました。店の人は大変親切に助けてくれました。けれども，特別にこのような箱を売ったり，ひもをつけたりするところがある方がいいと思います。

恵子さん，お元気ですか。
　このごろすっかり春めいて，とても気持ちの良い日々ですね。
　もうすぐ，恵子さんのお誕生日ですから，小さな贈り物をお送り申し上げます。
　引越ししたばかりです。新しい住所は：○○○県○○○市○○○町×××－××です。会うのを楽しみにしています。
　お誕生日，おめでとうございます。
　　　　　　　　　　　　　　　　　　ハロ・フォン・センガー

1974 年 2 月 17 日

■ 1974 年 2 月 19 日

　私は，拓殖大学の日本語研究所を，日本語を勉強するために選んだ過程とそのわけを描写したいと思います。

まだ台湾にいたとき、東京のスイス大使館に手紙を書きました。どんな方法で日本語を勉強することができますかと尋ねました。スイス大使館は、東京日本語学校（「長沼学校」）や、東京日本語センターや、上智大学の日本語講座や、フランス・日本協会の日本語講座などの宣伝の資料を送ってくれました。
　私が日本語を勉強したいわけは、日本人の学者の書いた、中国と日本の法制史に関係のある本を読みたいからです。そのために、大変程度の高い日本語の知識を得なければなりません。ですから、フランス・日本協会と上智大学の日本語講座は、十分に目的を果たすことができないと思って、考慮に入れないことにしました。（続く）

■ 1974年2月20日

　台湾で、私は2年間中国語を勉強しました。どんなふうに外国語を習うのがいいか、他の人からもいろいろな経験を聞いてみました。私が中国語を習ったとき、だんだん進むにつれて、主に小学校、中学校、そして高等学校の国語の教科書を使いました。結果はとてもいいと思いました。ですから、日本語もこのように習うつもりでした。また中国語は一人の先生の授業で一人で勉強しました。このように一人で教わる方が、組で教わるより速くて徹底してできると思いました。ですから、私は日本語を日本の小学、中学、高校の国語の教科書で勉強し、一人の先生の下に学べる学校をさがしました。もらった資料を読んで、「長沼学校」と東京日本語センターがこの条件に当てはまるかどうか、調べてみました。そして、値段を見て、目を丸くしておどろきました。あまりにも高すぎました。（続く）

■ 1974年2月21日

　そのころ、拓殖大学を卒業した学生が、私が住んでいる寮に入りました。日本から来たばかりでした。私の同室の友人は、私にこの日本人の学生を紹介しました。それで、私は彼に、東京のほかのどんなところで日本語を習う可能性があるかと尋ねました。日本人の学生も、

長沼学校と東京日本語センターはひどく高いと思うと言いました。拓殖大学でも、日本語を外国人に教える部があります。「私の中国人の友達の林さんは、そこで半年間日本語を習いましたから、いまは日本語が上手です。」と言いました。「あとであなたを林さんに紹介したい。」と言って、約束をしました。（続く）

1974年8月、熊本で友人須田典子さんと一緒に

■ 1974年2月22日

　何日かたって、あの日本人の学生は約束を果たしました。林さんは、向井田という名の拓殖大学の先生に書いた紹介の手紙を私に持って来て、拓殖大学の日本語研究所を大変薦めました。

　日本に着いたあとで、すぐ向井田先生に電話をしましたが、初めに拓殖大学へ行ったとき少しおそくなったので、先生に会えませんでした。

　他の日に、長沼学校と東京日本語センターの様子を見に行きました。ある晩、長沼学校に着いたとき、学校の中の門番に学校で使っている教科書を私に見せるように頼みました。それで、私に六冊くらいくれました。この本を見て、そんなにいい印象を受けませんでした。この学校では、この本だけを使います。一巻から最後の巻まで、学校で勉強するなら四年間もかかります。例外はないと説明されました。もしこの学校に入るなら、その規則に従わなければなりません。（続く）

■ 1974年2月25日

　他の日、私は東京日本語センターの様子を見に行きました。この学校はちょうど東京タワーに向かってお寺の地下に建てられています。

私は，住んでいる所からバスに乗って，直接そこに行くことができます。かなり便利だと思いました。

むこうに着くと，とても日本らしい部屋へ下りて行きました。そこで，係の人にいろいろな質問をしました。係の人が言いました。

「私の学校は，独自に進めてきた方法を使って，日本語を教えています。例えば，学生は一人一人，三人のちがった先生の教えの下に勉強します。この学校は自分の作った教科書を使います。ほかの方法とか，ほかの教科書によってこの学校で勉強することはできません。」
(続く)

■ 1974年2月26日

むこうの人が，また言いました。

「この学校の先生方は，日本の学校の教科書を使って教えることはできません。私が自分で作った教科書によって，教える訓練だけを受けました。あなたはここで一人の先生の教えの下に勉強するとしても，私達の開発した方法通りにしか勉強できません。」

このような言葉は，私にあまりにもきびしい印象を与えました。どんなふうに日本語を習うか，こういう問題に自分の考え方を持っていない外国人の学生には，語学学校の独自の方法が役に立つかもしれません。けれども，どのように外国語を習うか，こういう問題と関係のある経験を持っている人には，どんな方法によって勉強したいか，先生と相談したり，あとでこの特別の場合に一番よく当てはまる方法を選び出したりするような自由を与えなければならないと思います。
(続く)

■ 1974年2月27日

「この学校の教科書を私に見せてください。」
と頼みました。それで，係の人はうすい本の一巻を持って来てくれました。

「この本は，初めに誰でも使います。終わると，学生の特別の趣味

と目的に合わせて，いろいろな種類の違う本，特にこの学校で開発したのを使います。」

係の人は，ほかの部屋で，本棚にたくさんならべて立ててあるファイルになっている本を見せてくれました。

このような教え方は少し変だと思います。外国語を習う時には，そんなに早く専門的な言葉を教えることはいけないと思います。一般的な言葉が上手になってから，専門語を習う方がいいと思います。言葉の基礎がうまくなる過程に必要な時間は，大変長くなければならないと思います。ですから，この学校の入門書がうす過ぎるように思われました。良い感じを受けなかったので，この学校はあきらめて帰りました。（続く）

■ 1974年2月28日

このような経験を持って，また拓殖大学語学研究所日本語科へ行きました。この時には，向井田先生がいらっしゃいました。林さんが書いてくれた手紙を読んで，「あなたは中国人ではありませんね。」と，少しびっくりして言いました。

あとで，私はいろいろな質問をしました。聞いてくれた後の返事に，私は大変満足しました。前に見に行ったどの学校よりも，私はこの学校の方にいい印象を受けました。例えば，小学校の本を使って日本語を勉強することができるかどうか，こういう質問に先生は「はい」と答えてくれました。値段も，他の学校と比べて大変安いです。また，他の学校では，大変短い時間だけいたのに，すぐ西洋人に会いました。ここでは，一人の西洋人も見ませんでした。今は，西洋人と会うことにそんなに興味がないです。アジアには，アジア人が分かるようになるために来たのです。（続く）

■ 1974年3月1日

また，この学校はかなり簡単に見えました。他の学校は，とりわけ東京日本語センターは少し贅沢で，ショーのように見えました。外面

のことにだけ注意している外国人の心をつかむようでした。私は，語学学校の場所と外面の様子は大事ではないと思います。学校は，使っている方法と，学生に対する態度の方が大切だと思います。この要素の下に全体を考えれば，聞くまでもありません。拓殖大学語学研究所日本語科が，一番私の望みに当てはまる日本語学校だと思いました。

それで，今日まで四ヶ月ぐらいここで勉強しました。最後の結果はまだわかりませんけれど，今までの収穫としては大変よいと思います。ここ

拓殖大学日本語課の学生と一緒に
（2列目一番左に座っている方が，恩師の向井田ヒサ先生）

で，私は日本を離れるまで，この勉強を続けることができれば，大変嬉しいと思います。

私は，日本語を習うために，どうして他の教科書よりも本国の小・中学校の教科書の方を使いたいか，これから述べてみます。

外国語を勉強するのに，次のような基本的な方法があります。帰納と演繹の方法です。特別に外国人のために出版された一般的な教科書は，演繹の方法による本です。各課の中で，一つまたは二つの文法の規則を説明し，この規則に従って例をあげています。あまり面白くないです。それに，大変不自然です。すでに二十版を重ねた ORESTE & ENKO VACCARI の書いた「日本語会話文典」のような教科書は，大変いい例です。このような本によって日本語を習うのは難しいです。たぶん不可能です。とても疲れますし，無駄な時間がかかります。
（続く）

■1974年3月5日

台湾で見た，葵茂豊が書いた『中日文對照最新標準日語読本第一冊

[修正第七版]』（大新書局，台北1972年）という本も同じです。各課は，文法の規則でいっぱいです。この規則を覚えても，正しく書いたり聞いたり話したりするのは難しいです。なぜでしょうか。

私は外国語を習うとき，言語感情を獲得することが一番大事だと思います。このような言語感情を得るために，文法の規則だけを覚えるのは不十分な方法だと思います。このように，言語感情を殺して，文法だけに頼れば，無味乾燥な文になります。

私の考えでは，言語感情を得たいとき，外国語で書いてある典型的な文を覚えるのが，一番効果的な方法だと思います。そうすると，帰納的に少しずつ外国語の構造と文法的な規則が分かってきます。たくさんのまとまった文章を覚えたあとで，演繹的に文法の規則に従って書いた教科書を読むと大変役に立ちます。（続く）

■1974年3月6日

ほかの教科書で，特に外人のために書いたものは，四巻の日本語学習書としての「日本語読本」です。この本の批評は大変いいです。今までに，私は暇なとき，第一巻を100ページくらいまで友達の教えの下に勉強しました。全体的にいい印象を受けましたが，やはり小学校の新国語の本の方が好きです。次のような理由のためです。

一）小学校の本の方がおもしろいです。内容の幅が広いです。

二）小学校の本の中では，日本のやさしい会話が教えられます。これが私にとって大切です。

三）「日本語読本」の第一巻と第二巻とは，大きな違いがありそうです。小学校の本の方が，少しずつ難しくなります。ですから，日本語の難しい点に比較的慣れやすいです。（続く）

■1974年3月7日

例えば，私は『日本語読本』の第一巻の文をかなり流暢に読むことができます。ときどき分からない言葉がありますが，文法の問題は少ないです。これは，私が日本の小学校の一年と二年と三年の新国語の

本をよく勉強したおかげだと思います。先生は，小学校の教科書の中にはない言葉もたくさん教えてくださいますから。また，この本の中では，しばしば横道にそれて，子どもの言葉だけでなく，おとなの言葉まで同時に習うことができます。私は，この本の各課を出来るだけ覚えるようにしているから，少しずつ日本の文の構造と文の進め方がわかってくるように思います。小学校の十二巻の本を早くわかるように読み終わらないかなあ！（続く）

■ 1974年3月8日

　私が日本語を勉強する方法の一つは，いつもノートを持っていて，日常生活で聞いてわからなかった言葉を書き取る方法です。これが，いわゆる「機会教育」です。日本人と話しているときにピンとこない言葉があれば，すぐ相手が話を続けようが続けまいが気にしないで，わからない言葉の意味を聞きます。そして，ときどき自分でノートに書き留めるか，相手に書くように頼みます。私の相手はいつでも大変親切にしてくれて，頼んだ単語を書いてくれます。こういうふうに，たくさんの言葉を少しずつノートに集めましたから，たくさんのノートがいっぱいになりました。復習する機会があればいいなあと思います。

　このノートの中に書いてある語彙を全部覚えたら，私の日本語の程度はもっと高くなるでしょう。（完）

■ 1974年3月11日

　中国人は「日本料理はおいしくない。日本にはくだものが少なくておいしくない。」と言いました。実際には，それ程ではありません。日本でも，たくさんおいしいものを食べましたし，飲みました。この間初めてにぎりずしを食べました。これは，いろいろな魚をつけて少しのご飯をにぎったものです。中国では，たまにそのようなおいしい食べ物を食べました。残念なことに，にぎりずしはまだ一回しか食べたことがありません。この食べ物をもっと食べてみたいです。

私にとって、ほかのおいしいものは、九州の黒棒です。インターナショナルロッジの近くの東大病院の生協の店で買うことができますが、しばしば売り切れています。先生は、黒棒が甘過ぎると言いましたが、私にはそうでもありません。
　一番好きな日本の飲み物は、日本酒です。日本のミルクは、そんなにおいしくないものだと思いました。

村上好古さんと一緒に（Ajiro）
1974年3月

山口洋史さんと一緒に（Ajiro）

■ 1974年3月12日 ─────────

　先週の日曜日に、私は二人の友達（山口洋史様と村上好古様）と一緒に、東京のいろいろな所に遊びに行きました。とても楽しい人達でした。一年間だけ日本に滞在する場合には、一日中遊びに行くと、勉強しなければならない時間が惜しいと思うでしょうが、二年間日本で勉強することができるので、ときどき遊びに行くことはあまり悪いことではないと思います。いつも勉強するだけでは体によくないです。いつも勉強ばかりしていると、頭が疲れ過ぎることがあります。そんな時に勉強すると、頭の働きが完全に止まることがあります。一日ではなくて、何日も、何週間も止まってしまうこともあります。そうすると、そんなに長い時間を無駄にしてしまうことに大変後悔します。だから、体を全く駄目にするまで勉強するよりも、ときどき勉強し、と

きどき遊びに行く方がいいと思います。(続く)

■ 1974年3月13日

　日曜日に，私は二人の友達と朝九時半頃会いました。雨が降っていたから，どうすればいいか相談しました。私は歩くのが大好きですから，「雨が降っても，やっぱりどこか適当な所へ行きましょう。」と提案しました。「雨が降っていると，空気がもっときれいです。」という理由で言いました。みんなが同意したので，地下鉄に乗って神谷町へ行きました。向こうの地下道から上の道へ出ると雨が止んでいたので，みんなで「よかったね。」と喜びました。東京タワーが大変近そうに見えました。「東京タワーに上りたいですか。」と友達が尋ねました。「はい。」と私は答えました。地下鉄駅から東京タワーまで10分くらいしかかかりません。(続く)

■ 1974年3月14日

　リフトで東京タワーの上に上がりました。空はまだ雲でいっぱいですから，東京の様子も景色もそんなにはっきり見られませんでした。東京タワーから見ると，下の道の上をありのように小さな人達が歩いていますし，マッチ箱のように小さい家もありました。それを見ているうちに，友達の一人が雨傘がなくなっていたことに気がつきました。ですから，下に下りてすぐ落とし物や拾い物を預かる所へ行きました。運よく，友達は雨傘を見つけることができました。大喜びでした。その後で，歩いて築地市場へ行きました。その時には雲もだんだん消えていましたし，青い空の中で太陽は暖かい光を私達に浴びせ始めました。その時に私は，「天は私達をかわいそうに思ってくれて，晴れてきたんだ。」と言いました。(続く)

■ 1974年3月15日

　しばらく歩いて，築地市場に着きました。一つの道のそばの柱に貼ってあるビラが目に入りました。ビラの上に「スト粉砕」と「愛国

党」という言葉が書いてありました。初めてこの政党の名を見ました。友達は，これは右翼の運動だと説明しました。

築地市場に入ると，とても生臭い臭いがしました。日曜日は休みですから，人は一人もいませんでした。やがて，隅田川のそばの築地市場の荷下ろし場に着きました。ちょうど一隻の船が泊まっていて，船から幾人かの労働者が大きな鰹を陸揚げしていました。このような魚を初めて見ました。（完）

■ 1974年3月18日

日本人の学生と一緒に暮らすために，近いうちに引っ越したいと思います。上智大学の総長 Giuseppe Pittau 神父様が私に三木ハイムを紹介しました。自分でもどこが一番適当かを調べるために，見に行きました。

その一つに田無市の東大農学寮がありました。西武線に乗って行かなければなりませんので，大変遠いと思いました。三木ハイムよりも遠いです。けれども，疑いなく環境はすばらしいです。この寮は，私が前に住んでいた台湾大学の寮と同じように，木で造った寮です。寮の中を歩いたときのくつの音を聞いて，懐かしく思い出しました。

着いた時，ちょうど正午でした。一人の日本人と，そこに住んでいるもう一人のアメリカ人の学生と一緒に，寮に関係のある問題を話し合いました。（続く）

 注：2000年8月11日の Osservatore Romano によって，Pittau 神父様は Kongregation für das katholische Bildungswesen の秘書になられました。

■ 1974年3月19日

田無市の寮の入寮費は1500円です（三木ハイムは2000円）。寮費は（毎月）1250円だけです（三木ハイムは6500円）。食費は（毎月，朝晩二食で）4000円です（三木ハイムは7750円）。寮の収容人員は70人くらいです（三木ハイムは35人）。いまは40人くらいそこに住んでいま

日の丸の中の白十字

す。そこには特別の指導者はいませんが、そこに住む学生のうちの三人が寮の係を受け持っています。いつでも寮に入ることができそうです。時間の制約はなくて、寮の中での生活はかなり自由です。朝ご飯は朝の7時から正午まで、晩ご飯は夕方6時から夜中（24時）まで食べることができるそうです。どの部屋も二人部屋ですが、今は寮は一杯ではないですから、だいたい個室のようになっているようです。
（続く）

■ 1974年3月20日

いろいろな所を見に行ったあとで、どこに住めばいいか考えました。田無寮のいいところは安いことですし、とても自由な雰囲気があることです。そのほかにも、とてもいい自然環境の中にあります。けれども、私はやはり三木ハイムへ引っ越すことに決めました。それには次のような訳があります。

三木ハイムには、十種類の大学の学生が住んでいます。そのため、私は田無寮よりもたくさんの日本人の学生の人格に接することができ、またたくさんの日本人の考え方を研究することができます。それで、三木ハイムの方が田無寮よりも面白いと思います。田無寮には東京大学の学生だけしか住んでいないからです。そのほかに、東京の中心までは三木ハイムの方が近いし便利です。（完）

■ 1974年4月8日

私の日本語の第一学期はもう終わりました。日本に着く前は、少し心配しました。日本語はいろいろな西洋人が私に言った程、難しいだろうか。二年間休まずに中国語を勉強したあとで、二十九才になった今、新しい言葉が私の頭に入るだろうか。いい日本語を勉強する所を見つけることができるだろうか、という疑問を持ちました。

今まで半年くらい日本語の勉強をしました。運よく、今までは予想していたどの問題も消えていきました。日本語は私が怖がるほど複雑ではありません。非常にいい先生と学校を見つけましたし、いい友達

ができました。これからもこのように進むことを希望します。

■ 1974年4月9日 ───

京都にいる時，二人の友達と一緒に金扇（きんせん）という食堂へ鮨を食べに行きました。この鮨はにぎり鮨です。私の日本人の嶋田豊司（しまだとよじ）という友達は，私ともう一人のネーゼル・フィリップ (Philippe A. F. Neeser) というスイスの友達の代わりに一つずつ鮨をたのみました。ゆっくり食べましたから，それぞれのすしのたねの名前をノートに書く機会は充分ありました。まぐろの鮨から食べ始めました。そのあと，いか（烏賊）をたのみました。げそ（いかの足）とえびとうにときす（鱚）とたこ（章魚）とさば（鯖）を食べました。飲み物は，日本酒を少しとあがりをたくさん飲みました。とてもおいしかったです。日本の料理の中で，僕はやはりにぎり鮨が一番好きです。

京都で嶋田豊司さんと一緒に

先週ほかの知り合いの人が私を招待してくれました。ですからまた鮨が食べたいと思いました。その時，上記の種類も食べましたし，あおやぎ，赤貝，鮭，いくらなどの新しい種類も食べました。（続く）

■ 1974年4月10日 ───

先週，私は知り合いの若い女性に会いました。話してみたら，彼女は創価学会員だという発見をしました。今まで会った創価学会員は，みんなとてもいい影響を私に与えました。けれども，創価学会の理論がまだはっきりしなかったので，すぐこの機会を利用していろいろな質問をしました。いま，少し創価学会の信仰がわかってきました。そして誤解の一つが消えました。

創価学会の信仰には，天国がありません。「南無妙法蓮華経」というお経には深い意味があります。それを毎日何度も唱えると，仏様と同じ生命になることができます。そうしてまた生まれると，いい環境の中に生まれることができます。創価学会の考えでは，人生は永遠です。けれども，どのように未来にまた生まれるかは，いまの生活の様子と関係あります。（続く）

■ 1974年4月15日

　京都にいる間に，一人の京都大学の一年生と仲よくなりました。彼は嶋田豊司といいます。この学生には京都大学の校庭に立てられたバドミントンクラブへの新入生歓迎看板の前で初めて会いました。その時，京大の校庭はとてもにぎやかでした。いろいろな看板がありました。例えば，交響楽団とラグビーとボディービルと地理同好会と天文同好会などの学生クラブの看板でした。その他に，時々リズミカルに口笛を吹いて通る一団がありました。その人達は，赤と青のヘルメットをかぶっていました。「これは共産主義同盟所属のC一戦線です。」と友達は説明しました。「暴力ですから，日本共産党所属民主青年同盟とはちがいます。」と付け加えました。その後，京都と関係のあることをいろいろ友達から教えてもらいました。（続く）

■ 1974年4月16日

　この友達と，たくさんの問題を話し合いました。京大学生自治会員の選挙と，民主青年同盟の候補者を選びます。共産党は好きですが，自民党は嫌いです。「どうして」と私が聞いたら，友達は，
「自民党がインフレと汚染の責任を持っています。例えば，京都のながわとらぞうという市長は，二十四年間歴任しました。この人は，京都の社会党の一部分と京都の共産党から支持されています。最近は大阪，東京，埼玉，沖縄，名古屋で，左翼の市長を選びました。長い間，左翼の市長の下にあった京都と，長い間，右翼の市長の下にあった上記の大きな日本の町と比べて，京都では汚染が一番少ないです。

ですから，私はとらさんを支持します。」
と言いました。(続く)

■ 1974 年 4 月 17 日

この間，あの京都の友達は私に本を一冊と手紙をくれました。この手紙の中のいろいろな言い方があまりよく分かりませんでしたから，昨日三木ハイムに住んでいる一人の学生に説明するように頼みました。それで，この手紙が分かりました。練習の為に，所々書き出します。
「すっかり春めいて，とても気持ちのよい日々ですね。京都では，日本の象徴である桜が春を待ちこがれていたように見えます。でも，もうすぐ春が来るでしょうね。その後，お元気で勉学に励まれていることと思います。一昨日は要領を得ない京都案内で失礼しました。英語も日本語も拙いものですから，とてもうまく説明することができませんでした。特に寺院，神社拝観の時，菩薩，観音（十一面，千手観音など），地蔵に関する専門的な事や，建造物に関する歴史的由来など知らず，はっきりと確信を持っていなかったので，あまり説明できなかったことお詫びします。」(続く)

■ 1974 年 4 月 17 日

この手紙は，次のように続けられます。

> 「僕も本当にどんどん見習わなければならないと思うのですが，なかなか実行できません。
> 　また，大変ユーモアを解され，穏やかな気持ちで話すことができました。僕もそのようにできたらと願うだけです……。
> 　それから，仏教，仏像，日本の歴史に非常に関心を持っておられましたね。そこで，よい本を見つけましたので，ごちそうのお礼としてお送りします。一度読んでみてください。この手紙を読まれたら，また京都の印象など聞かせてください。もし，ケーギ先生夫妻に会われたら，よろしくお伝えください。」

日の丸の中の白十字

注：ケーギ先生は，チューリヒ大学法学部国際法の教授 Werner Kägi 様でした。ケーギ先生は私の先生でした。1967年には先生の下で法学修士を取り，1971年には先生のところで弁護士の試験を通りました。ケーギ先生ご夫妻は，私が東京にいた時，偶然に東京にいらっしゃいました。

■ 1974年4月22日

今，須田典子様という友達から速達の手紙をもらいました。分からない所がありますから，これから練習のために書き出してみます。

「初夏を思わせるような日もある今日この頃ですが，いかがお過ごしでしょうか。東京では，こちらの都合で連絡がとれず，お会い出来なくて本当に残念でした。とても残念でした。お会いして，またいろいろお話がしたかったのです。今度はいつ会えるのでしょうか。

ところで，京都はどうでしたか？　また，ハローさんの頭の中は，多くの知識でいっぱいになったことでしょう。教授との会話は，日本語だったのですか？

私は，ハローさんの日本語の覚えの速さには，本当に驚いてしまいます。私は中学生の時から英語をやっているというのに，今だにこの程度なのですから，つくづくいやになってしまいます。

大学の方は，無事卒業できました。いよいよこれからは社会人です。といっても，実際に就職するのは10月からですから，それまで残されたわずかの自由な時間を大いに有効に使っていくつもりです。そして就職してからも，学生時代の自由な心，冒険心，向上心などは，いつまでも失うことなく持ち続けていきたいと思っています。

最近のハローさんは，毎日何をしていらっしゃいますか？　そちらの様子をどうぞ私に教えてください。

私は，今日とてもお天気がよくて気持ちがよかったので，『日向ぼっこ』をしながらお人形さん（猫のつもり）を作りました。あまりいい出来栄えではありませんが，ハローさんに差し上げます。受け取っていただけますか。（続く）

■ 1974年4月24日

　ハローさんが早く日本の生活に慣れて，日本語も完全に習得され，日本での研究がスムーズに進まれるようにと祈りながら作りましたから，以前に差し上げた「百事如意」のお守りと同様，可愛がって下さい。
　それでは，今日はこれで。またお便りします。
　お元気で，学問にお励み下さい。
　明日から暫く水戸市の兄のところへ行ってきます。兄嫁のお産の手伝いです。そちらからお便りすると思います。」（続く）

■ 1974年4月29日

　上記の手紙に次のように返事を書くつもりです。
　「桜がきれいに咲いたと思ったら，すぐ風が吹き，庭一面の花吹雪になります。残念です。人間にも同様なことが起こります。花盛りは短いです。とても残念ですね。ですから，毎日毎日を大切にして，上手に利用しなければなりません。
　典子さんが作ってくれた小猫が大好きです。どうもありがとう。この小猫はとても大きな心を持っていますから，私のために，典子さんの代わりにたくさん心配をしてくれるでしょう。
　四月の初め，新しい所へ引っ越しました。今，日本人の学生と一緒に暮らすことができます。二人部屋を日本人の学生と一緒に使っています。とても面白い生活です。
　今度はいつ会えるのでしょうか？　お元気に働く前の時間をお過ごしになってください。そして，お仕事につくまでの時を有効にお使いになるように，お祈りしています。」

■ 1974年5月1日

　この間，三木ハイムの田渕文男寮長が私に自分の詩を「お読みになって下さい。」と差し出しました。その時，いろいろな詩中の言葉

を教えていただきました。練習のために，今からこの詩をここ書き出します。

1945年8月6日の朝，アメリカの第一次原子爆弾が広島に落とされた時，次の詩の作者田淵文男さんは大竹国民学校の五年生として，校庭全校生徒参集［さんしゅう］日に，この出来事を三十キロメートル南東から目撃しました。その時はこの出来事が何であったのか，田淵さんもほかの日本人もまだわかりませんでした。

イン・メモリアム　　　田渕火人

一九四五年八月六日　午前八時十五分
私は見た　広島の「ピカ」を！
聞いたのだ　その「ドン」を！

私があずけられていた　父の郷里に
無数の負傷者が帰って来た。
トラックに満載され，油紙，包帯にくるまれ，
うめきと悲鳴をあげながら
あるいはまた，その声もなく。

広島の中学生だった姉は
「黒い雨」に打たれ，それでも無事帰宅した。（続く）

■ 1974年5月7日

私の行っていた大竹国民学校は
たちまち救護病院に変わった。
まるで焼き魚のような患者が
ひとり　またひとり　と死んでゆく。
火葬場は　とうてい間に合わない。

重油をかけ　川上の河原で焼かれていた。

ある被爆婦人は　頭髪を全部失い，
気がふれて　町中を歩き回るのだった。
いわく，「私の家はねえ，あの山の上で
そりゃあ立派な金ピカの御殿じゃったんです。
でもはあいっぺんに燃えて失うなりました」。
その後　彼女がどうなったかは知るよしもない。

親戚の女の子をうちにしばらくあずかった。
彼女は火傷にウジのわく母親をこわがったし，
うちのすぐ裏がお寺の幼稚園で好都合だった。
　（その母娘は今はおばあさんとお母さんである。）（続く）

■ 1974年5月8日

わがあこがれの的なりし　帝国海軍の将兵が，
連日連夜　声もかれんばかりに歌い狂う，
「海ゆかば」「同期の桜」が，
裏山にむなしく　こだましては　散ってゆく。

やがて終戦となり，第二学期が始まった。
学校の掃除は　えらく骨が折れた。

「安らかに眠って下さい
過ちは繰り返しませんから。」
　（東京にて，一九七一年十二月，太平洋戦争勃発三十周年に因んで）（完）
　（三木ハイム寮誌V号 Recherche，東京1974年，第20〜22ページ）

三木ハイムの皆さんに，私はあいさつし，お礼を言います。あなた方のおかげで，日本人の学生の習慣とあり方がだんだん分かってくるようになるでしょうし，日本語の知識もだんだん深められていくことができるでしょう。前に住んでいた所（東大のインターナショナルロッ

日の丸の中の白十字

ジ）は，日本から離れてしまっていた感じでしたが，いまは本当に日本に住んでいる気持ちになってまいりました。なんとお礼を申し上げればよいか，申し上げかねます。

■ 1974年5月11日

今日，次の知らせを三木ハイムで発表しました。

昨日，外へ行く時に使う大きなサンダルと雨傘がなくなってしまいました。サンダルと傘は，新館に置いてありました（入門の側）。もし，だれかその物をうっかり借りていましたら，お返しになって下さい。

ハロフォンセンガー
本 陣 屋
49年5月11日

■ 1974年5月13日

三木ハイムでは，私はいろいろな面白い今の日本の学生と関係のある習慣に近づくことが出来ます。その習慣の一つが麻雀です。台湾ではこの遊びは有名ですが，禁止されたので，私はむこうではそれをすることが出来ませんでした。寮の中の幾人かの学生たちは麻雀が上手で，このごろ私に入門的な説明をしてくれました。かなり複雑ですが，いまでは一番大切な秘密が分かってきたようです。これから，私は自分の理解によって，麻雀のだいたいのやり方を書き表したいと思います。

麻雀は四人ですることになっています。だれでも，初めに13牌（パイ）をもらいます。四種類の牌があります。1)萬子（まんず），2)竹子（そうず），3)字牌（じはい），4)筒子（ぴんず）。（続く）

■ 1974年5月14日

それぞれの牌の中には鉛が入っています。麻雀をし始める前に，二萬五千という単位の値打ちのいわゆる点棒を，参加する四人の人に分けます。その後，さいころを振ります。その出た数で，誰が始めるか

決められます。始める人は,「東」という名前を持っています。そのほか, 親とも言われます。この人は, 第14牌をもらいます。そして, その14牌の一つを捨てなければなりません。捨てるというのは, いらない牌を机の真ん中に置いて, みなに見えるように自分の前に出すということです。各々の人は, お互いに, そのようにして「東」,「南」,「西」,「北」の順で続けます。始める人が「東」で, その右の人が「南」です。それぞれの人の目的は, てん牌を果たすということです。てん牌というのはどんなことか, あしたまた説明するつもりです。(続く)

■ 1974年5月15日

麻雀をする人の目的は, 三回三つの牌をそろえ, 二回二つの牌をそろえるということです。「牌をそろえる」というのは, 直接に続いている牌を集めるとか, 同一の牌を集めるということです。例えば, 萬字の「一」と「二」と「三」というように続いているのとか, あるいは字牌の「中」とか「發」とかの牌を, 三つとか二つ同時に集めることを,「そろえる」という言葉で言います。二組二つずつそれぞれ合っている牌を集めていたのを,「頭」という名前で呼びます。どんなふうに牌を一番上手に並べるかが, 麻雀の中心問題です。参加する人の経験とこつによって, 速くそろえることが出来ます。ですから, 並べ方は麻雀の一番むずかしい技術の一つです。それぞれの牌の種類をよくおぼえなければなりません。相手がどんな牌を捨てるかも, いつでもよく注意していなければなりません。(完)

■ 1974年5月20日

この間 (4月18日), 私は早瀬雅啓さんから次のような手紙をいただきました。

> 私の誕生日の為に贈り物を送っていただいて, うれしく思います。改めてセンガーさん, あたなのお気持ちに対して深く感謝し

ています。センガーさんのお母さんは，英語を勉強しにイギリス に渡るそうですが，うらやましいです。[注：たぶん私のへたな 日本語の表し方によって出てきた誤解です。実際は母はイギリス で旅行しただけでした。]私の兄から手紙が届きました。現在, 私の兄はユースにいます。私は今，仕事と少林寺拳法をやってい ますが，やはり毎日疲労が残ります。でもがんばってやっていま す。

　ブルース・リーの「燃えよドラゴン」を見ました。ものすごい 拳法でした。早くあれくらいに体が自由に動けたらと思っていま す。けれども，現実はうまくいきません。残念です。趣味の陶器 作りは，今のところ当分やれそうもありません。時間があればや りたいのですけれど，これも残念です。学生の時と違いますから, 精神的にまいっています。

　簡単ですけれど，この辺で失礼します。向井田先生にもよろし くお伝え下さい。お元気で。

敬具

■ 1974年5月21日

私は早瀬さんに次のような返事を書きました。

前略

　光の様な速さで，暑くなりました。毎日太陽がらんらんと照っ ています。もうすぐこの始まったばかりと思っていた年の半分が 経ちます。人間の生活ものんびり出来ません。ますます速く経つ ようになるのを感じます。私は，早瀬さんと一緒に岐阜や東京で とても嬉しく過ごした時間を，しばしば懐かしく思い出します。 いろいろな忘れられない思い出を早瀬さんのおかげでもたせてい ただいたことに，心からお礼を申し上げます。

　早瀬さん，あなたが就職してから，もう二月くらい経ちました。

> あたなは，もうすぐ宝石の専門家になるでしょう。そうすると，世界中の国々から一番金持ちで綺麗な女の子が，早瀬さんのお店へ宝石を買いに来るでしょう！　少林寺拳法もやり続けて，ブルース・リーよりも上手になってほしいです。がんばってください。またお手紙をいただければ，とても嬉しいです。お元気で。
>
> 　　　　　　　　　　　　　　　　　　　　ハロ・フォン・センガー

だんだん日本の学者の言い方に慣れるようにしたいですから，これから仁井田陞という有名な学者が書いた作文の一つの部分を書き出してみます（仁井田陞，中国法制史研究：土地法・取引法，東京大学出版会，1960年，103〜151ページ）。

「日本律令の土地私有制ならびに唐制との比較」
日本大宝田令の復旧
　わが太古においては，一つの氏は一つの村落を形成していたと推定できる。古事記日本紀の中から，おぼろげにも歴史的事実を見定めらるころの氏族村落内の血縁的団結は，必ずしも強い物ではなかった。また，団体内部に手工業が行われ，外部と財貨を交換する状態であったと考えられる。（前掲書103ページ）（続く）

■ 1974年5月22日

手紙の草稿

> 前略
>
> 　お元気ですか？　同封の写しは私のチューリッヒの友達の手紙です。字引で調べながら，読んでみてください。
>
> 　私は，今年の夏休みに出来るだけ日本人学生の団体旅行に参加いたしたいです。もちろん，日本内の旅行だけに興味を持っています。東京大学では，このような団体旅行の組織がありますか？
>
> 　もしあったら，どうぞお知らせください。楽しみにして待っております。

日の丸の中の白十字

昨日と同じに，学術的な文章からいくつかの文を書き出してみたいです。

さらに，一族長の支配下にも，姓を異にするものがあり，族長ないしは氏人に属して，そのために農耕その他の労働に従う部民が存在したことは，当時の団体の労働組織が共産体内部のそれと異なってきていることを示すのである。

また，日本紀の中に「賜道臣命宅地」（神武紀），「奪当麻蹴速之地」悉賜「野見宿禰」（垂仁紀）といい，古事記に「以阿知直，始任蔵官，亦給粮地」（履仲天皇條）などとするように……。（前掲書103ページ）（続く）

■ 1974年5月27日

昨日，拓殖大学の日本語研究所の先生と学生と一緒に，深大寺へ遊びに行きました。お茶の水で中央線に乗り換えて，三鷹まで行って，深大寺行きのバスに乗って，目的地へまいりました。公演の林の中で休んで昼ご飯を食べて，いろいろな遊びをいたしました。ばらの花の植物公園をあちらこちら歩いて，綺麗な花を楽しみながら散歩してから，バスで今度はつつじが丘まで行きました。アイスコーヒーを飲みに行って，元気を回復して，別れて帰りました。

仁井田陞の文章：
……天皇が功臣に宅地，地一粮地を賜い，あるいは臣下の地を奪ったことを伝え，古事記に『定淡道之屯家』（仲哀天皇條），日本紀に『凡倭屯田者，毎御宇帝皇之屯田也』（仁徳紀），「宣賜匝布屯倉，表妃名於萬代」（繼體紀）といい，安閑記二年條に筑紫穂波屯倉以下十三ヵ国二十六ヵ所の屯倉を記すように，天皇のほか，皇族の有する屯田，屯倉も少なくなかったことを伝えている。（前掲書103ページ）（続く）

■1974年5月28日

　この間，"Japan Times"（ジャパン・タイムス）の "Readers Exchange"（リーダース・エクスチェンジ）という欄で，フォークダンスのことが述べられていました。町のいくつかの所で毎週土曜日の夕方六時から九時まで，フォークダンスが行われると書かれていました。興味がある人には，高橋さんの奥さんがこのグループを紹介されたいと書かれていました。私はすぐ電話をかけて，彼女と約束をしました。そして今まで二回参加しました。とても面白い集まりでした。程度はかなり高いですが，私は台北でよくフォークダンスを踊ったので，大体どのように踊るか分かっています。このグループでは，スイス，ポーランドやユーゴスラビアやイスラエルなどの国のフォークダンスをなさっています。また行きたいと思っています。

　もう少し仁井田陞：

　その他氏族の長が天皇に私地を献じて死罪や乱入の罪などを購い，あるいは私人の間に土地の一贈与を行ったことを記している。『……』などは前者の例であり，『……』は後者の例である。これら記紀の記載が一つ一つ具体的な史的事実であるか否かは問題であるが，物語のできた当時の人々は，土地私有の経験を持っていたと考えることができよう。（前掲書101～102ページ）（続く）

　先週の土曜日に，私は「財団法人東方学会主催」の「第19回国際東方学者会議」に参加いたしました。午前10時の開会式後，特別講演が二つございました。私は「聞いても，まったく分からないでしょう。」と自分に言い聞かせておりました。始め，上智大学の一人のドイツ人の先生 P. Hubert Cieslik が日本語で「イエズス会年報の成立とその史的価値」という問題について講演をなさいました。先生はかなり簡単な日本語でおっしゃいましたので，私には思いがけないことで，大体90パーセントが分かりました。もちろん心の奥で大喜びでした。この講演が，大体分かってきた私の最初の日本語のものであり

ました。

　(仁井田陞) しかし，私有地といっても，族長などの私有地は，牧健二氏が説かれたように，領有地の性質をも有していたと解すべきであろう。

　古記録には，右のように土地私有を記しているにもかかわらず，村落氏の土地総有や総有地を分配する慣習を伝えたものはないとするのが適当と思う。(前掲書104ページ)(続く)

■ 1974年5月30日

大阪市立大学教授牧英正先生から次の手紙をいただきました。

拝啓

　御無沙汰しております。如何お過ごしでしょうか。

　四月の初め，横浜でありました法制史学会に出席しまして，お目にかかれるかと思ったのですが，お会いできませんでした。帰宅しましたら，家内から不在の間に学兄からお電話があったと聞きましたので，心待ちにしておりました。関西の方に来ておられたのでしょうか。そうだとすれば，お目にかかれなかったのが残念です。

　関西の旧跡を御案内するつもりでおりましたが，またこちらに来られたら私の家にも来ていただこうと家内と話しておりました。

　過日お話ししておりました日本法制史の概説書が出版されました。一部学兄に献呈しようと思いますが，この住所あてにお送りすればよろしいのでしょうか。お返事を下さい。暑くなったり寒くなったり気候が不順ですが，お体をお大事に。

敬具

五月二十日

牧　英　正

ハロ・フォン・センガー様

日の丸の中の白十字

1974年6月2日
三木ハイムの寮生と一緒に

■ 1974年6月3日

　先週の土曜日に，私は東京大学の「基礎法学研究会」が行った石井紫郎先生の「明治憲法第四条について」の講演を聞きに行きました。その後，上野韻松亭で懇親会が開催されました。私も紹介していただいて，参加いたしました。懇親会の間，出席なさった学者や学者になる見込みがある，またはなりたい学生が，自己紹介をしなければなりませんでした。私の番になると，私は次のように話しました。

　「私はスイス人で，昭和四十四年，チューリッヒ大学を卒業いたしまして，二年間チューリッヒ市の二つの裁判所で働きました。その後，台北へ行って，むこうで二年間中国法制史を勉強いたしました。専門は中国法制史ですが，日本人の学者もこのテーマについていろいろな草分け的研究をなさっていたことを聞いていたので，昔から日本で勉強いたしたいと思っていました。去年，石井良助先生と滋賀秀三先生が手伝ってくださって，このお手伝いのおかげで，日本学術振興会の奨学金をいただいて，去年の十月とうとう日本に来られました。「基礎法学研究会」の講義に毎回参加するように，誘っていただきました。

大変感謝いたしております。これで，私は日本人の法制史学者の演説の方法や話し合いの仕方がだんだんわかるようになるでしょう。今晩，この懇親会に参加することができるのは，光栄のいたりです。心の底から，お礼を申し上げます。」

私は，出来るだけいままでに習った一番ていねいで一番謙譲な言葉を使いました。あとで，一人の東京大学の先生がドイツ語でおっしゃいました。

「どのくらい日本語の勉強をしましたか？　あなたはすごく立派に日本語を話しました。とてもすごく。」

（仁井田陞）結論：中国の歴史が大分分かるようになるのは，周の春秋ないしは戦国であるが，先周に村落民の土地総有が行われ，また周代にもそれに基づくあるものが行われたとしても，それは史家のいわゆる「土地公有制」とは別ものであろう。（前掲書148ページ）（続く）

■ 1974年6月4日

昨日，京都大学の嶋田豊司という友達から手紙をいただきました。それを，よく分かるようにするため，これからここに書き出してみます。

毎日毎日30度を越す夏の強い日差しが続いていますね。しかしまだ5月，やはり夜は涼しい風が吹いています。今京都の下宿で，窓を開けて夜の涼風にひたり，星を見上げながらお便りを書いています。

センガーさんが京都に来られてから，はや一ヶ月になりますね。僕も時々あの時の楽しかった日々を回顧して，一人で微笑んでいます。きれいに写っている写真を多数送っていただいて，本当にありがとうございました。友達にあの写真を見せてやったところ，センガーさんがハンサムなのに驚き，また僕より背が高いのに再び驚いていました。自分の写真アルバムの中に加えて，「これは四月三十日，センガーさんと京大で」というように書き添えておきました……。

(仁井田陞）また，土地総有制とある形式において類似のもの，つまり古典に伝えるような王者の農民に対する土地班給と回収——その実在したという学説の根拠は薄弱である——が，たとえ行われたとしても，それだけをもってその土地が公有であったとも断定できないばかりでなく，さらにそれを基として「土地公有主義が原則として行われた」とするに至っては，なおいっそう困難である。（前掲書148ページ）（続く）

■ 1974年6月5日

　御徒町へフォークダンスに行き，きれいな女の子と踊ったんでしょうね。（楽しそうだなぁー。僕も踊ってみたいなぁ。）僕は全然踊れないので，今度お会いした時にでも教えてください。

　今年から僕は「現代農業問題研究会」というクラブに入って，今の日本の農業に関する諸問題を勉強しているんです。先日も「れき耕栽培」といって，土を使わず，栽培液（成分は C, H, O, N, Mg, Ca, K, S, Fe, P and trace elements... and so on）を循環させることによってきゅうりを作っている農家へ行って，いろいろな話を聞き，実際にきゅうりを取るなどして勉強してきたのですが，その農家は京都市のすぐ近くで，いわゆる「近郊農業」といわれている農業形態なので，……（続く）

　（仁井田陞）：北魏，北齊，北周，隋，唐および日本律令時代には，露田もしくは口分田などの班給と回収とが行われたが，しかしこれまた史家の論ずるような「土地公有主義が原則として行われた」という結論に導くことはできない。むしろそのうえ国家がそれら班給地について有するものは，期待的所有権もしくはそれに類似の物的権利と考えることもできる。（前掲書148ページ）（続く）

■ 1974年6月10日

　……農業政策にも多くの難しい問題があり，政府の近郊農業軽視の考

え方を痛感せざるを得ませんでした。もしできましたら、スイスの農業についての現在の状況、政府の方針などについて、センガーさんの知っていらっしゃる限りを教えてくだされば幸いです。

　もし、そのようなこと（スイスの農業問題）についてお教えくださるのでしたら、言語は英語でもドイツ語でも結構です。センガーさんもお忙しいでしょうから、けっして無理にとはいいません。

　最近モーツァルトの魔笛を少し練習し始めました。今度お会いしたときに、ご期待にそって、フルートを吹けるといいんですが、ぜひ夏休みにはお会いしたいですね。僕も一度東京に行きたく思っております。また、お母さんが来られることを楽しみにして待っております。それでは、健康に気をつけて、がんばってください。

　追伸。英語に訳す暇がなく、日本語だけになってしまいました。どうもすみませんでした。その上、僕の日本語自体おかしいかもしれませんが、お許しください。

　(仁井田陞)：もちろん王土思想を無視することなく、それと私所有権との内的結合を考えることは必要である。

　すでに漢代の為政家は土地私有額限を主張した。晋はまさにそれを実行した。（前掲書148〜149ページ）（続く）

■1974年6月11日

　昨日、私は東大で一人用の小さな研究室をいただきました。かぎをもらう時、次のような知らせをいただきました。

　昭和49年度教官用閲覧個室の使用について（通知）

　時下、ますますご清栄のことと存じあげます。さて、かねてよりお申し込みのありました標記のことについて、先般開催の総合図書館運営委員会において、下記のとおり決定いたしましたので、通知申し上げます。

　使用者：

　個室を使用するときは、その都度、正面玄関受付に申し出、鍵を受

領してください。
　退室の際は必ず受付に鍵を返納してから退館してください。
　最近，須田典子様という友達から手紙をいただきました。これからそれの初めの半分を書き出します。
　……今日，一ヶ月と一週間ぶりに熊本に帰ってきました。随分あちこちと回り歩いていたので，帰ってみたら，私の仕事がたくさんたまっていました。日本航空からは入社前の教育関係書がどっさり送られてきています。それはそれは大変な量のものです。これだけ勉強したら，航空学博士にでもなれそうなものもありますし，「日航マンのエチケット」などというのには，細かに身だしなみや……（続く）

　（仁井田陞）北魏から後，隋唐は土地の班給を行い，不徹底ではあったが，土地私有額を制限し，さらに土地私有権に対しても制限した。そして，日本もその制度を継受したのである。この土地私有権の制限には，享有期間に対する制限と処分に対する制限とがあった。（前掲書149ページ）（続く）

■1974年6月12日

　……言葉使いまで書いてあります。頑張ってやらなければなりません。その他にもやりたいことはたくさんあって，本当にこれからは忙しい毎日になりそうですよ。人間忙しすぎては，ちょっと困るけど，ある程度忙しい方が，人間らしい生活が送れていいようですネ。
　ハロさんも毎日きっと何かと忙しいことと思います。でもそんな中で，5月の夜風に吹かれる時間もとっておいてください。
　そして，熊本に居る私のこと，少しは思い出してお便り下さいネ。
　お正月に撮った写真，送ります。お陽さまがまぶしくて，目をつぶってしまってあまり良くないんですけど，これしかないので……。私の着物姿はどうですか？
　あっと言う間にもう6月。
　6月ってあまり好きな月ではありません。早く6月が終わって，夏

が来て欲しいです。そうすれば，すぐ私の大好きな秋がやってきます。
　この写真ずっと持っていられると私としては非常に恥ずかしいので，よかったら送り返して下さい。

　（仁井田陞）即ち，北魏の露田麻田，北齊以後，隋の露田，唐の口分田，日本の位田，職分田，賜田などの上の権利は普通長くて一生間のものであり，下功田は子の一代に，中功田は子孫二代に，上功田は三代に限ってその享有が許された。（前掲書149ページ）（続く）

■ 1974年6月17日

山口洋史という友達からいただいた手紙です。

> 前略。お久し振りです。お元気ですか。早速ですが，近いうちに，あなたにお目にかかりたいと思っています。といいますのは，私のヨーロッパ旅行の最終計画がまとまったからです。できますならば，8月5日から8日まで4日間，チューリッヒにあるあなたの家に泊めて頂きたいと思っています。そうさせて頂ければ大変幸せです。このことについて，お話がしたいので，今度いつ本郷の東大にいらっしゃるか，その曜日と時間をお知らせ下さい。もし暫く東大にいらっしゃらないのでしたら，どこか別の場所でお目にかかりたいと思いますので，手紙か電話でご連絡下さい。私は月曜日か火曜日，又は木曜日の午後が比較的暇です。
> 　尚，この度下記に転居致しましたのでお知らせします。

私の返事です。

> 山口さん
> 　前略。出来るだけ早く私のチューリッヒの友達のK.様とご連絡なさってください。お手紙に次のようなことをお書きになってください。あなたは前に私がK.さんに紹介した日本の友達で，八月五日にチューリッヒに到着する予定です。またK.さんの友

> 達に案内していただくことが出来れば大変うれしいです。チューリッヒの Youth Hostel の様子はどうですか，というようなことです。そうすると K. さんがたぶんすぐ返事をくれるでしょう。山口さんの旅行について今ドイツにいる母に連絡いたしました。返事をもらったら，すぐ山口さんにお知らせします。

　（仁井田陞）そしてその處分は極度に制限され，北魏の露田，日本の前掲諸田のごときは賣買することを禁止されていた。北魏・北齊の桑田，唐の戸内永業田，田地宅地の上の権利は永代的であったが，やはり處分は自由にはできなかった。しかしこのような制限が付いているからといって，それが私有権でないというわけにはいかない。（前掲書149ページ）（続く）

■ 1974年6月18日

　この間，あの背の高い京都大学の嶋田豊司という友達から手紙をいただいたばかりです。それなのに今日また一通手紙が来ました。どんなことが書かれているかな！　内容をよく理解するため，これからその手紙を書き出してみます。

　日中はうだるような暑さが続き，まるで盛夏を思わせる毎日ですが，お元気ですか。

　しかし，やはり夜になると涼しく，ペンも進みますね。こうして手紙を書いていても，涼風が昼間疲れた体をいやしてくれるように，気持ちよく肌に感じます。毎日研究に励んで多忙な日々を送っておられることでしょう。僕も夏休みに行うクラブの農村調査などの予備調査や資料集めで忙しく，夜も帰りが10時ぐらいになってしまうので，疲れぎみなのです。またこの夏休みに北海道の演習林へアルバイトをやりに行こうかなーと思っておりますので，その帰りにでも東京に立ち寄って，是非お会いしたいものです。センガーさんも是非お母さんといっしょに京都へ来てください。夏の京都は日本中でも特に暑く，ひどい時には40度近くにもなって，日の照っているところにはとて

もおられない状態が続いたりしますが，暑いだけによけい印象づけられるのではないでしょうか。そしてバスに2時間ほど乗れば日本海で泳げますし，電車で少し行けば琵琶湖でも泳ぐことができます。以前，お母さんは水泳が好きだとかセンガーさんが言っておられましたし，京都へ来てください。

　それでは，これから梅雨に入りますし，健康には気をつけて，頑張ってください。

　（仁井田陞）永代的であるか否か，そして處分が制限されているか否かは，附加条件の程度の強弱の相違にとどまるのである。かかる制限付土地私有権制は唐法を継受した新羅および高麗などの制度にも見るところである。（前掲書149ページ）（続く）

■ 1974年6月19日

　夏休みの間，私は出来るだけ日本人と一緒に，いくつかの面白い日本の所へ旅行したいです。この間，日本健青会の人が私にこういう機会を与えてくださいました。いただいた計画書の中には，次のように書かれてあります：
日本で研究する留学生にとって，自己の学問分野以外に広く日本の体験を深め，日本と日本人についての理解を深めることは必要であるが，留学生自身の主体的な努力だけでは充分ではなく，日本人側のあたたかい理解と積極的な協力が必要とされる。

　われわれは，今日までアジア地域の研修生を受け入れ，各種研修の実施，調査団の派遣，国際ワークキャンプ参加，国際セミナーの開催など，青年交流を通じて相互理解，友好促進，青年協力を図る運動を続けてきました。

　同様に，在日留学生を対象とした懇談会，セミナーなどの実施もしてきました。こうした活動を積み上げることによって，相互の深い理解と友好につながるものと信じております。

　（仁井田陞）日本令には土地私有権のみならず，動産私有権にも限

定有期的なものがあった。大寶令についていえば，戸令應分條ならびにその本註に「妻家所得奴婢不在分限」（還於本宗）と見えている。（前掲書149ページ）（続く）

■ 1974年6月24日

　　柿嶋美子さん
　　先週の金曜日にあなたと知り合いになったことは，大変嬉しいことでした。石井紫郎先生のお話になったいろいろな言葉をよく説明してくださいました。どうもありがとうございました。今週の金曜日にも，もしできれば，石井先生の講義を聞きながら，普通ないし専門的な言葉にご注意いただいて，それを特にお書き留めいただけますか。放課後，あなたからその言葉の説明をいただくことが出来れば大変嬉しいのですが。私もその言葉に出来るだけ注意いたしたいですし，書き取りたいと思っていますが，今までの経験から，石井先生は時々それほど専門語をはっきり話してくださいませんから，よく聞き取れなくて，その時には書き留められませんので，お手伝いくださいましたら，心から感謝いたします。どうぞよろしくお願いいたします。
　　お元気で。
　　　　　　　　　　　　　　　　　　　　　　　　　　　敬具
　　注：石井紫郎先生は，東京大学法学部の日本法制史教授でした。

（日本健青会）
趣　　旨：日本に学び，日本文化・社会に興味を抱くアジア留学生を対象に，各国青年との交流を通じ，一般家庭に民宿し，地域社会の実情，農村社会，郷土文化など日本をより深く理解する機会を作ろうとするものである。
主　　催：日本健青会（東京都台東区東上野）
実施主体：日本健青会熊本県本部
協　　力：日本青年海外協力隊熊本ＯＢ会

参加資格：①アジア地域より日本へ留学し，現在，大学在学，もしくはそれに準ずる学校で勉強を続けている者。②日本の生活習慣，食事に適応できる者。（続く）

（仁井田陞）その奴婢は主に妻の持参財産たる奴婢であったろうが，婚姻によって，一応，夫の財産に加えられ，令集解にいう「夫婦同財」（中田博士に従えば，夫の一財の意味）となるけれども，夫の死後はその遺産から分離される。そして妻に子がない場合，その持参財産は実家に復帰するのである。（前掲書149ページ）（続く）

■ 1974年6月24日

あの京都大学の友達から前後して二通の手紙を頂きました。それで，私は次のような返事をするつもりです。

> 嶋田さん，お元気ですか。気候はだんだん暑くなりましたが，今は我慢することができるようになりました。聞くところによると，日本の夏と比べてやはり台北の夏の方が暑いらしいです。けれども，時々私の寮のそばで太陽が照っていると，光化学スモッグの警告音が聞こえます。京都でもこういう警告音が聞こえますか。
>
> スイスの農民に関する一篇の文章をこの手紙に同封して送ります。この文章は，ドイツ語で書かれていますが，嶋田さんは辞書で調べながら，スムーズに読み取られるでしょう。ドイツ語がお上手ですから！
>
> この間，嶋田さんから民主青年同盟についていろいろなことを教えていただきました。もしできれば，このクラブの思想と活動を説明する入門的な資料を（日本語で書いたものでも結構です）私に送ってくださいませんか。私は大変興味を持っていますから。
>
> 母は今年日本へ来たいらしいのですが，私は来年の三月の末の方がいいと思っています。
>
> それじゃ，頑張ってください。魔笛の笛のメロディーをよく練

> 習してくださいね。お手紙を楽しみにして待っています。
>
> 敬具

(日本健青会)
主要行事：①地域青年との交流，②農村社会の視察及び民宿，③郷土産業の見学，④名所旧跡の見学。経費，交通費，滞在費，食事代は，主催者が負担するものとする。
宿　　泊：原則として民宿とする。（完）

（仁井田陞）養老令では，處分條の本註を削除したが，なお大寶令とともに，その棄妻條において，夫は離婚の場合，妻の持参財産を返還すべきことを規定している。（前掲書149ページ）（続く）

■ 1974年7月1日

> 初谷宏一さん，お元気ですか。
> お手紙と写真をいただいて，どうもありがとうございました。
> いつも，歯医者さんを思い出すと，すぐ痛みをおぼえてきます。初谷様お二方の場合とちがいます。初谷様の歯根の治療の間に示してくださったご親切だけは本当に懐かしく思い出しています。もし機会があれば，また是非お会いしたいです。いつお二人のご都合がいいかわかりませんが，私はまだ来年の十月まで日本で勉強する予定ですから，必ずまたお目にかかることができると思っています。
> 夏休みまで（7月の20日から），毎週月火水の夜六時から八時まで，拓殖大学の日本語科で日本語を勉強します。講義が終わったあといつも先生といっしょに金門飯店で晩ご飯を食べて帰ります。
> 夏休みの間の一週間，九州へ行く予定です。そのほかは勉強したいです。
> 秋からまた出来るだけ拓殖大学で日本語の勉強を続けたいです。

日の丸の中の白十字

竹中さんによろしくお伝えください。そして特にあなたのご両親とご兄弟にもよろしくお伝えください。

それじゃ，また……。

敬具

昭和49年6月28日

ハロ・フォン・センガー

言葉の探し方

①探す人が「この言葉は必ず小学校の教科書や（場合によっては）中学の第一巻・第二巻・第三巻などに出てくる」と思う場合には，探す必要がありません。新しく出てくると思われた言葉などが疑わしい場合は，探さなければなりません。

②新しい漢字の言葉ではなくて，新しいひらがなとかかたかなで書いてある言葉も探してください。

③出来るだけ探された日本語の言葉のそれぞれの英語の意味を（旺文社の）辞典から手帳へ書き写してください。

④同音異義語がある場合には，出来るだけそれぞれの日本語の同音異義語と英語の意味を辞典から手帳へ書き写してください。

⑤探し出された言葉の外に，教科書の中でも辞典の中でも手帳の中でも番号を（第一巻も1から終わりの番号まで，第二巻も1から終わりの番号まで，第三巻も1から終わりの番号まで）付けてください。

⑥新しい漢字の読み方を教科書に関する言葉のそばに，赤いボールペンで書いてください。

⑦旺文社辞典にはない言葉に「※」という記号を教科書に関する言葉のそばに付けてください。

⑧もう書き写した言葉があとでまた出てくる場合には，もちろんもう一回探す必要はありません。もし，前に出てきた言葉の番

号をおぼえているのなら，その番号だけを教科書の言葉のそばに書いてください。
⑨一巻を終わってからすぐ三万円を払います。手帳とボールペンの出費のために，千円払います。お手伝いどうもありがとう。

昭和 49 年 6 月 29 日

ハロ・フォン・センガー

田中昭彦様

　お元気ですか。
　明日から三日間，外交官試験が行われます。あなたは参加する予定だと私に言いました。あなたのご成功をお祈りいたします。
　中学校の三巻の教科書の言葉を探してくれる人達を見つけました。
　私は，あなたがいい夏休みを過ごすことができるといいと思います。

敬具

1974 年 7 月 1 日

ハロ・フォン・センガー

　（仁井田陞）ハムラビのバビロニア法でも妻が婚姻に際して実家から持参した財産 Šeriktu は夫の財産となるのであったが，妻が子なくして死亡した場合，および妻を離婚する場合には，夫は Šeriktu を妻またはその実家に返還せねばならなかった。すなわち，日本令におけると同様，夫が持参財産について有する権利は，限定有期的であったのである。（前掲書 149〜150 ページ）（続く）

日の丸の中の白十字

■ 1974年7月2日
履歴書

　私は，1944年3月6日に生まれ，スイスの田舎で育ちました。1951年から1955年までWillerzellという村落の小学校へ行きました。その村落の人口は500人くらいで，海抜は900メートル以上です。1955年から1963年までとなりの小さな町のEinsiedelnにある修道院の中・高等学校に通っていました。その町の人口は8000人ぐらいです。卒業後，1963年から1969年まで，チューリヒ大学で法律を勉強しました。「伝統中国における売買契約」という題で，博士論文を書きました。チューリヒ大学学生自治会のいろいろな係をやっていました。1969年から1971年までチューリヒ市の二つの裁判所で働きました。1971年の春，弁護士の試験に通りました。それから，私の中国法制史の知識を深めるため，台湾に行って，1971年の8月から1973年の10月まで，国立台湾大学法学部の研究生として勉強しました。去年の10月の末，同じ目的の勉強と研究のために，日本学術振興会の奨学金のおかげで，日本へ来ました。そして今日に至っています。

　（仁井田陞）ユスチニアーヌスのローマ法でも，妻の持参財産 Dos は夫の所有となった。ことに，その持参不動産 fundus dotalis に至っては，その上の権利が有期であったばかりでなく，夫は勝手に處分することも禁止されていた。この種の制限付所有権は，他の諸民族古代法，たとえばヒッタイトの法律にも見られるのである。（前掲書150ページ）（続く）

■ 1974年7月3日
須田典子様への手紙

> 　この間，あなたのお手紙をいただいて，このお写真を見つけて，大変嬉しかったです。
> 　「立てばしゃくやく

座ればぼたん
　　　歩く姿は　ゆりの花」
という日本のことわざが，その写真を見る時の私の気持ちを一番適当に表しています。心の底から，どうもありがとうと言いたいです。この写真を一生返したくないです。
　このところ，いつも勤勉ですか。日本航空の本をもう全部覚えましたか。航空学博士になりましたか。
　私もいつも忙しいです。いろいろなことをしなければなりません。もうすぐ夏休みになります。8月10日から17日まで，私は日本健青会が行う活動に参加する予定です。その時，熊本の民宿に泊まります。あなたに会うことが出来れば，大変嬉しいです。
　もう遅くなりました。頑張ってください。

　　　　　　　　　　　　　　　　　　　　　　　　　　敬具

1974年7月3日

　　　　　　　　　　　　　　　　　　　ハロ・フォン・センガー

（仁井田陞）さらにバビロニア法では，ある種の官吏の土地所有権は必ずしも無期永代的でなかったばかりでなく，その売買はある場合禁ぜられていた。土地の永代売買の禁止がヘブライにも行われたことは，バイブルに見えるところである。さらに，フランク時代のドイツ固有法には，ちょうど北魏，北齊そして隋，唐，ことに日本律令時代に見えるところと同様，各種の制限付土地所有権があった。（前掲書150ページ）（続く）

■ 1974年7月8日

　柏木（かしわぎ）さん，お元気ですか。
　一ヶ月ほど前，常務の岡崎様に，私が夏休みの間過ごすことができる所を探すことをお願いしました。今住んでいる三木ハイム

> の寮の規則では，それぞれの寮生は夏休みの間寮を出て行かなければなりません。
>
> その後柏木さんは，岡崎様の書記として，私のためにいろいろな可能性を調べて，とうとう日本ルーテル神学大学の学生寮を探し出して下さり，その事務長の浦上様に私を紹介して，とてもよい所に私を住まわせて下さるようにして下さいました。心の底から岡崎様と柏木さんに深い感謝をいたしたいです。ありがとうございました。おかげさまで，いい夏休みが遅れると喜んでいます。
>
> なお，この梅雨の長雨の間のお見舞いを申し上げます。

（仁井田陞）すなわち王が臣下に与えた土地所有権は数年を限りとするもの，一生を限度とするもの，子孫数代に限定されたものがあり，しかも王の特許がない以上，その應分はできなかったのである。（前掲書150ページ）（続く）

■ 1974年7月9日

> 謹啓
>
> この間，東京でご両親とお兄さんご夫婦とに会って，大変楽しかったです。ごちそうしてくださって，どうもありがとうございました。残念なことに，時間があまりにもはやく経ちましたから，いろいろな話をすることが出来ませんでした。
>
> 来週の水曜日まで，向井田先生に日本語を教えていただきます。その後夏休みが始まります。スイスの友達に紹介された同和火災海上保険株式会社の常務取締役の岡崎様は，私のために，日本ルーテル神学大学の学生寮を夏休み中の別荘地として探してくださいました。ここは国際キリスト教大学のそばです。すぐれた環境（スイミングプール，大きな校庭園などのある所）に住めることを，楽しみにしています。
>
> 8月10日から17日まで，日本健青会が行う九州への旅行に参

加する予定です。そのほか，夏休みの間に翻訳を終わりたいし，向井田先生とあなたから教えていただいたたくさんの言葉を復習したいです。

　なおこの梅雨の長雨の間，お見舞い申し上げます。
　ご両親とお兄さんご夫婦によろしくお伝えください。

敬具

1974年7月9日

ハロ・フォン・センガー

（仁井田陞）もっとも，水口祭や大祓の天罪をもって，または萬葉や養老儀制令を引用して土地総有に基づく水田班給の根拠にした学者がないではなかった。すなわち吉田東伍博士は，その「庄園制度の大要」において，村民は毎年春，水田祭をし，齊串を立てて，一村落の田地をわける儀式を厳格に行った。それには一村多数の百姓が立ち会ったのである。（前掲書104ページ）（続く）

■ 1974年7月10日

　一ヶ月ほど前，朝早く，一羽の小鳥がひらひらと窓から部屋へ飛び込んで来ました。私は「早くまた飛んで逃げればいいけどな」と眠りながら思いました。けれど同室者は起きて，この小鳥をどこかから持ってきたかごに入れました。枕のそばに置かれたかごの中の小鳥は，大騒ぎをしましたから，その日は朝寝坊をするのは無理でした。「これはせきせいいんこだ，かなり高い小鳥だ」と同室者は言いました。彼はこの小鳥が好きそうでした。私も何の文句も言いませんでした。

　最近，同室者はもう一羽の小鳥を千円で買ってきました。雌と雄の番で飼う予定のようです。もちろん別々のかごで飼っています。けれど，あとでこの雌は必ず小鳥を産むでしょう。ですから，一年後にはたぶん十羽とか二十羽になるでしょう。それを考えると，どんな大騒ぎになるか，想像することができます。やはり，この間は小鳥の代わ

りに，小魚が窓から飛び込んで来た方がよかった！

（仁井田陞）史家あるいは続日本紀巻十天平二年の條に『　』と書いてあるのをもって，大隈薩摩二国外には，唐田制の継受前，班ち田の慣行のあったことを類推し得る有力な根據とするもののようである。しかし，この二国にかつて班田の慣行なく，今改めてそれを行うことを願わぬというだけで，問題を類推しうるほどの根據とはできにくいと思う。（ちなみに記すが，大化後土地の班給は，全国一時に行ったのではなく，国によって実施の時を異にした。問題の大隈薩摩二国でも，類聚國史によれば，延暦十九年に班田を行ったのである。）以上のように史家は総有地ないしは班ち田の慣行存在立証のために苦心している。（前掲書 104〜105 ページ）（続く）

■ 1974 年 7 月 15 日

チューリヒ大学で勉強していた時，毎朝生卵を一個飲みました。それはとても簡便であり，大変効き目が速く，すぐ腹いっぱいの感じになりましたので。

台北で毎朝かきまぜた卵を二個食べました。このごろは三木ハイムで，毎朝生卵を飲むのをまた始めました。けれども，きのう東京で買うことができる生卵は汚染されているから，それをそのまま飲むのは健康上よくないと言われてしまいました。日本では，にわとりに，たくさん農薬のついたえさを食べさせているという理由からだそうです。この問題について，どの程度本当なのか，調べたいと思います。

（仁井田陞）続日本紀によれば，天平四年二月「……」［古事類苑封禄部云，按故太政大臣は不比等，その薨は養老四年八月，すなわち十三年後始収］の例もあるが，神亀三年の後，位は死後なお六年収公せず，宝亀九年以来は死後一年にして収めることとなった。（前掲書 113 ページ）（続く）

■ 1974年7月16日

　最近，寮生の友達から面白い幽霊に関する話を聞かせてもらいました。ある一人の寮生の話は次のようなものです。

　彼は三木ハイムの前に，四国の地方から来た学生のための寮に住んでいました。彼はこの寮の中の一つの部屋に，ある夏ゆうれいが出たことがあったと聞かされていましたが，自分でその寮に住んでいた時は，幽霊は出てこなかったそうです。でも，去年の夏のことでした。

三木ハイムの寮生と一緒に

　ある寮生のお母さんが田舎から東京へ来て，何にも知らずに，この寮のその部屋で一夜を過ごすことにしました。夜中に，お母さんが稲光で起こされて目を覚ました時，きれいな若い女の人がすわって，じっとお母さんを見つめているのをみつけました。それでお母さんはびっくりして，その部屋から逃げ出しました。

　その次の夜とまたその次の夜，二人の寮生が本当かどうか調べるために，一人ずつその部屋へ行ったら，同じような女の人の幽霊を見ました。

　実は，20年ほど前，その部屋に住んでいた寮生の女の友達が訪問してきて，寮生と一緒にしばらくつき合っていましたが，やがて仲が悪くなって，彼女は自殺してしまったという話です。

　私の寮生の友達は，この話をした時，とても真剣に見えました。冗談で話しているようではありませんでした。ですから私も試してみたいです。

　（仁井田陞）しかし全章を統一的に考え，矛盾なからしめようとすることは，かえって古代法典の真相をとらえないことになるかもしれない。従って特別の根拠のない限り，ここには「職田」と記すにとど

日の丸の中の白十字

めたい。(前掲書114ページ)

　この田令が古記の續文であるならば,それを大宝令の逸文といえるのであるが,しかしここに同じく引かれた禄令が養老令とは一致しても,禄令集解功封條下古記に引く大宝令の逸文「……」とは相違している。(前掲書115ページ)（続く）

■ 1974年7月17日

> 　昨日,早瀬雅啓さんに会ったことは,大変嬉しかったです。おいしい岐阜の饅頭をいただいて,どうもありがとうございました。私が教科書を忘れてしまいましたから,短い間だけしか会えませんでしたので,とても残念でした。どうもすみません。これからは,早瀬さんに会う時は,決して教科書を忘れません。
> 　七月二十三日から九月十日まで,私の住所は次のようです。
> 　日本ルーテル神学大学
> 　〒181　東京都三鷹市大沢3丁目10番20号
> 　Tel. 0422-31-7997
> 　むこうでもりもりと勉強する予定ですが,早瀬さんとそこかほかの所で会うのはいつでもよろしいです。ですから東京へ来る時,是非ご連絡ください。
> 　ご両親,お兄さんご夫妻にもによろしくお伝えください。
>
> 　　　　　　　　　　　　　　　　　　　　　　　敬具
> 　　　　　　　　　　　　　　　　ハロ・フォン・センガー

　(仁井田陞)つまり令義解など養老令の註釋書は功田條本註「以外……」の「以外」をもって,大功田を除いた上中下各功田とするのに対し,古記は大宝令同條本註の「以外」を,中下両功田だけとし,上功を「以外」の中に含めない。

　法制史学会では,……毎年,法制史文献目録を刊行してきたが,今回本書の編纂にあたっては,戦後の法制史文献目録であることを標榜

し，昭和20年に遡り，これら年刊の法制史文献目録を基礎として，単行本，学術雑誌・論文集等にも再び目を通し，取捨選択を行い，法制史に関連する限りにおいて，他の領域の重要な文献をも収録することにした。

　－単行本には○印をつけた。書評・紹介には△印をつけた。
　－本書は，わが国で……から……迄に発行された法制史に関する単行本，学術雑誌・論文集等，所載の論文および書評などの分類目録である。（続く）

1974年7月20日，東京大学法学部研究室の教授と留学生で小旅行をした時に撮影
左から著者，その右は邱聯恭さん（その後国立台湾大学法学部民事訴訟法等の教授）その右は台湾人の東京大学法学部留学生林端龍さん

東京大学の校庭で邱聯恭さんが私に中国語を教えています（1978年10月）

日の丸の中の白十字

前列左：東京大学法学部教授中山信弘先生
前列右：東京大学法学部国際法教授大沼保昭先生
後列左：立教大学法学部教授舟田正之先生
（1978年10月撮影）

■ 1974年7月26日

今日，友達の舟田正之さんから次の葉書をいただきました。

> 暑中お見舞い申し上げます。
> 　先日の恩田君のパーティのときは，あとでゆっくりお話ししたいと思っていたところ，早くお帰りになられて，残念でした。
> 　また別の機会にお目にかかりたいと思っております。雨の軽井沢はセーターを着ても寒いくらいです。
> 　お元気で。
>
> 七月二十四日

関根照彦さん

> 前略
> 　先週の日曜日をお宅で過ごさせていただいて，大変嬉しかったです。ご馳走を色々いただきましたし，今年初めて海で泳ぐことができました。そのほか，色々な面白い話に参加させていただきました。本当にどうもありがとうございました。今もこの日曜日

を懐かしく思い出しています。これからも何度も思い出すでしょう。

　Kaegi 先生の演説の原稿をもう写しました。原文を同封しておきます。どうもありがとうございました。

　またお目にかかるのを楽しみにして待っています。

　お宅の皆さん、特に奥さんによろしくお伝え下さい。

草々

1974 年 7 月 31 日

ハロ・フォン・センガー

■ 1974 年 8 月 4 日

今日、友人の鎌谷啓子さんから次の葉書をいただきました。

　暑中お見舞い申し上げます。

　待ちに待った夏がやって来ましたが、どうお過ごしですか。私は先日、軽井沢で三日間、テニスをして真っ黒になって帰って来ました。九月にお会いするまでに、日焼けがさめないと良いのですが、夏バテに気をつけて下さい。お元気で。

かしこ

八月二日

日本健青会が行った在日留学生交流計画についての報告

　昨年の十二月二十三日、日本健青会中央委員の久保田一郎さんの招きにより、拓殖大学日本語研究所の何人かのアジアの留学生達と OB と私は、東京の居木神社へもちつきに行きました。その時、私は初めて日本健青会の人と知り合いになりました。今年の夏は、久保田一郎さんが、拓殖大学日本語研究所の向井田ヒサ先

生を通じて，私を八月十日から十七日まで九州への団体旅行に参加するように招待してくださいました。私はもちろん喜んでそれに応じました。

※　※　※

八月十日，私達在日留学生は朝の六時半の新幹線ひかりに乗って，九州への旅行に発ちました。私達の団体のメンバーは，AMELIA WIDJAJA さんと D. ARIEF MAULANY さん（二人ともインドネシア人で，国際学友会日本語学校に在学しています），王己恵さん（中国台湾省，拓殖大学大学院，女性），KARABI MUKHERJEE さん（インド人，女性），蕭顯忠さん（中国人，台湾省）は拓殖大学日本語学校の学生で，私はスイス人で東大の研究生です。

電車に乗る時，久保田さんから次のことを教えていただきました。「本来，この旅行は特にアジアの在日留学生達のために計画されたものです。この間，田中総理大臣がいろいろな東南アジアの国を訪問されたとき，反日デモが昔の在日留学生によって行われました。この学生達は，たぶんいつも東京だけに住んでいて，田舎の日本を知る機会がなかったから，反日の気持ちをもったのでしょう。日本健青会はアジアの在日留学生達にそういう機会を与えることができるようになりました。そうすることによって，彼らに東京以外の日本を紹介することができると思ったから，この旅行を行うわけです。」

私は中国語が分かり，アジアに対して大変興味を持っておりますので，久保田さんは私もこのグループに入れてくださいました。ここで，久保田さんと日本健青会にお礼を申し上げたいと思います。

※　※　※

十日の晩7時ごろ，熊本に着いて，日本健青会熊本県本部，熊本県青年団体連絡協議会などの10人ぐらいの代表に歓迎を受け

て，一緒に陣屋という日本料理屋でとてもおいしい晩ご飯を食べさせていただきました。そこで，私は初めて「馬さしみ」(ばさし) を食べました。非常に「うまかあ！」。食べてから，私達は三つのグループに分かれて，三つの家へ泊まりに行きました。私は，台湾人の王さんと蕭さんとインドネシア人のAMELIAさんと一緒に，株式会社大栄設計代表取締役で熊本工業大学建築科講師の橋本栄さんの家へ連れて行ってもらいました。そこではとてもやさしい奥さんと聖華と聖実という名前の二人のかわいい娘さんたちが私たちを迎えてくださいました。

※　※　※

橋本さんの家に四日間泊まって，橋本さんとその家族と一緒にいろいろな活動をしました。例えば，八月十一日（日曜日），三大名城の一つの熊本城を見に行って，その午後三角の港から大矢野島へとモーターボートで渡り，ゆっくり投網で魚つりをしました。八月十三日（火曜日），いくつかの橋本さんの設計になる建物を途中で見ながら，天草の橋本さんの親戚の約三百年前の家へ行って，太刀魚やえびなどのごちそうをいただいて，海で泳いだり，泳ぎ方を習ったりしました。けれども，一番よかったのは，橋本さんご夫婦とそのお友達，特に能口さんと，いろいろな問題について有意義な話をすることができたことでした。たくさんのことを私は初めて聞きましたし，分かりました。

蕭さんとAMELIAさん達は，初めて日本の家庭内の生活を楽しむことが出来ました（私は既に今年の一月の元旦から八日まで，岐阜市に住んでいる早瀬雅啓といういい友達の家でそういう楽しい経験をしていました）。

熊本市の人口とチューリヒ市の人口とは同じぐらいですから，いろいろな法律的な統計がほしいところでした。そういう願いを言い出すと，すぐ橋本さんはそれをかなえてくださいました。

※　※　※

　最後の夜，橋本さんと能口さんと蕭さんと私は，一緒に海辺へ行って，夜中から朝まで網とほこで魚を獲りました。それは蕭さんと私にとっては，特別に珍しい冒険でした。
　八月十五日（木曜日）の昼，阿蘇山の傍にある高森の近くの根子岳の鍋の平のキャンプ場へ連れて行かれました。四つのテントが張ってありました。そこで，再びKARABIさんとARIEFさんとROBERTOさんに会って，経験の交換をしました。ARIEFさんとROBERTOさんは「五つの夜を五つのちがう家庭で過ごして，ものすごくためになりました」と言いました。KARABIさんは，その間三つのちがう家庭で泊まって，一番最後に津留さんの高森にある家に一泊したそうです。そうすると，九州の田舎の家庭の生活は，KARABIさんが一番よく味わったことになります。

　　　　　　　　　※　※　※

　キャンプでいろいろな面白い話をしたり，キャンプ村の入村式をしたり，牛が大声で鳴くのを聞いたり，少しだけアルコールを飲んだり，津留さんの奥さんと王さんとAMELIAさんなどが作ってくれたごちそうをもりもりと食べたりしました。
　クライマックスは，もちろん高岳登りでした。山道をゆっくり登ったり，もくもくと煙の上がる阿蘇山の火口をぐるぐる回ったりしました。
　キャンプの生活と火山を見るのとは，私にとって，初めての冒険でした。特に，火をふき上げている火山に登るのが危険なことを番人に注意されたほどでした。

　　　　　　　　　※　※　※

最後の日，菊池の黎明の瀧へ行って，とっても冷たい水に足をひたしたり，菊池で温泉に入ったり，大宰府で西高辻信真さんから天満宮の説明をしていただいたり，その園の中の麒麟と鶯などを見たり，博多のロジータという食堂でメキシコ料理を食べたりしました。

　いつの間にか夜十一時になっていました。小倉から私達を東京へ運ぶフェリーが出発する時間になりました。約60時間後，元気で東京に到着して，久保田さんの歓迎を受けました。

　最後に，皆さんに，とりわけ拓殖大学の向井田先生と久保田さんと橋本さんご夫婦と，このプログラムを初めて考え出した日本健青会熊本県本部の津留さんに，心の底からお礼を言いたいと思っています。私は，熊本市と九州を，いつもきっと懐かしく思い出すでしょう。

　そのあとも，たくさんのほかのアジアの在日留学生達がこのようにすばらしく有意義な体験をすることが出来たらいいと思います。

ハロ・フォン・センガー

東京　八月二十二日

　　注：この報告は，短くまとめた形のもので，昭和49（1974）年9月
　　　　15日の日本健青会発行『さきがけ』（東京，第328号）の第4
　　　　ページで発表しました。

前略
　今年の七月二十日から九月三十日まで，浦上さんのおかげで日本ルーテル神学大学の寮に住むことが出来ました。私は今まで日本で過ごした時間のうちで，その二ヶ月強はとても興味深く楽しい期間の一つです。神学大学と寮の皆さんは非常に親切で，寮の自然環境も勝れたものでした。特に東京の夏を過ごすために一番

適当な住居だと思っております。勉強するために学校長と浦上さんから一番妥当で静かな部屋をいただいて，理想的に勉強することが出来ました。そんなにたくさんの面でルーテル神学大学が恵んでくださったので，この手紙で浦上さんと教授と職員の皆さんに私の深い感謝の気持ちを表したいと思っております。皆さんによろしくお伝えください。

草々

岡崎真雄さん

　お元気ですか？　おかげさまで今年の夏の七月から九月の間，非常に有意義な時間を過ごすことが出来ました。ルーテル神学大学で過ごした日のことは，いつまでも懐かしく思い出すことでしょう。たくさんの興味深い人達に会いましたし，研究の仕事にもよく従事することが出来ました。岡崎さんと柏木さんに対して，非常に感謝しています。どのようにお礼を言えばよいかわかりませんけれども，岡崎さんと柏木さんに小さなスイスの贈り物を同封します。どうぞ奥さんにお渡し下さい。

　又，連絡していただくのを楽しみにして待っております。

　柏木さんによろしくお伝え下さい。

敬具

昭和四十九年九月二十七日

ハロ・フォン・センガー

岡崎真雄様

■ 1974年10月7日

　今年の夏休みの間，私は故仁井田陞先生の書いた『日本律令の土地私有制並びに唐制との比較』についての五十ページぐらいの論文の翻訳をし，とっても難しくて，珍しい言葉がたくさん出て来ましたから，

よく『広辞苑』,『日本史辞典』,『古語辞典』などの辞典で調べなければなりませんでした。その時に,前掲の辞典は不完全な所があるということに気がつきました。

その欠点の一つについて言うと,読み方によってならべられた字引と,書き方によってならべられた字引の差はきびしすぎると思いました。『広辞苑』はかたよったように読み方によって言葉を記載しています。けれども,外国人として,私は昔の日本の言葉の読み方を調べ出さなければなりませんでした。どんなふうにと言えば,一番簡単な方法は,NELSONの『最新漢英辞典』で調べるのですけれども,この書き方によっての辞典には,しばしば歴史的な専門語が記載されていません。

 注1:『最新漢英辞典』The Modern Reader's Japanese-English Character Dictionary, Revised Edition, by Andrew Nathaniel Nelson, Charles E.Tuttle Company Publishers, Tokyo, 1974
 注2:仁井田陞先生の書かれた『日本律令の土地私有制並びに唐制との比較』のドイツ語訳は,私がフライブルグ大学でPeter Greiner教授の下に提出した漢学博士論文 "Chinesische Bodeninstitutionen im Taihô-Verwaltungskodex: Niida Noborus Beitrag zur Rekonstruktion der Bodeninstitutionen der Tang-Zeit" で出版しました。(Freiburger Fernöstliche Forschungen, Band 1, Verlag Otto Harrossowitz, Wiesbaden 1983, 113～271ページ)

前略

 近頃いかがですか? 私はこの夏休みをとっても楽しく過ごさせてもらいました。国際キリスト教大学の傍のルーテル神学大学の寮に2ヶ月半暮らしていました。この寮の中でもキリスト教大学の食堂や校庭で友達がたくさんできました。殆ど毎日一人の新しい人と知り合いになることが出来たように思います。その他,そこの自然環境は本当にものすごくいいです。緑ばかりです。そこでは,こちらにいる時より,本当によく勉強することが出来ま

した。一人の日本人の学者の『日本律令の土地私有制並びに唐制との比較』という論文の翻訳をしました。今月終わりまでにこの大変難しい仕事を仕上げることが出来るでしょう。

八月の九州の旅行についての記事を同封して送ります。それとこの手紙の裏の私の昔書いた漫画を楽しんでください。またお会いできるのを楽しみにして待っています。

草々

■ 1974年10月9日

昨日，一人の寮の友達と一緒に，晴海で行われている中華人民共和国展覧会を見に行きました。東京の八重洲北口の傍で，無料のバスに乗り込みました。十五分くらいで晴海に着きました。天気がよくなかったし，また朝十時ごろでしたから，人数は比較的に少なくて運がよかったと思っています。

第一の建物の中には，特に機械がたくさん並べられてありました。それぞれの部門のために，二人の説明をしてくれる中国人の展覧会員がいました。驚いたことに，女の人達は皆華僑のようでした。二人の中華人民共和国から来た男の人と話しました。雰囲気をこわさないように，私は中国語をチューリヒ大学で勉強したということを言いました。それでよく話を通じさせることが出来ました。やはり台湾と大陸の中国語とは同じです。ほっとしました。残念なことに，むこうの小学校の中国語の教科書は売っていませんでした。今ちょうど色々な教科書の使用試験中ですから，まだ輸出をすることが出来ないといわれてしまいました。

先週の金曜日に，私の研究の指導をして下さる先生からお手紙をいただきました。その中には，法制史学会第21回研究大会への招待が入れてありました。この大会は，10月19日と20日に京都で行われます。そして10月21日に「北山杉と北山の名刹」への見学に参加することが出来ます。5月末，東京での第20回大会にも出席しました。

その時色々な専門家と初めて知り合いになりました。しかし，その時は文語体で講義が行われたので，あまり分かりませんでした。それでも，京都の大会にまた参加しようと思っています。そうすれば，上記の学者にまた会うことが出来ます。その上，「太閤検地と山岡庄」や「東寺百合文書などについて」や「かん皇律と大業律」や「明治期における近代的土地担保法の形成」や「地頭の吟味について」や「秦商鞅の軍制・軍功褒賞制と身分制などの問題について」の演説を聞くことが出来ます。

■ 1974年10月15日

福永　美子　様

　初秋の折柄，いかがお過ごしですか？　私が今住んでいる寮の寮生達は皆風邪をひいたらしいです。どうぞ，お気をつけてください！

　八月十日から十九日まで，九州へ旅行いたしました。大変有意義でした。八月二十日から今までずっと，ヨーロッパで大変有名な仁井田陞先生の書いた『日本律令の土地私有制並びに唐制との比較』についての五十ページぐらいの論文のドイツ語翻訳をいたしました。非常に難しかったですから，自分を缶詰にしなければなりませんでした。あまり息抜きをする機会がありませんでした。それで，福永さんにもご連絡できなかったので，お許し下さい。七月二十日から九月三十日まで，国際キリスト教大学の校庭にある日本ルーテル神学大学の寮に住んでいて，いつも福永さんをこちらへ招待しようと思っていましたけれども，翻訳にとりまぎれて月日を過ごしてしまいました。そしていつも延期しました。そうすると，夏がもう終わってしまいました。もうすぐ天高く馬肥える秋になって，私の日本に住んでいる最後の年が始まります。今まで，本当にたくさんのことを日本で勉強することが出来ました。心の底から感謝いたしたいと思っております。

もうすぐ翻訳の清書を書き終わることが出来るでしょう。まだ今月一杯多忙です。終わったらすぐ福永さんに電話を掛けようと思っております。
　又お会いできるのを楽しみにして待っております。
　　　　　　　　　　　　　　　　　　　ハロ・フォン・センガー

昭和49年10月15日

■ 1974年10月22日

嶋田　豊司　様
　初秋の折柄、いかがお過ごしですか。
　今週の土曜日（19日），私は京都へ行く予定です。法制史学会第21回研究大会が10月19日（土）と20日（日）午前10時より京都府立総合資料館の会議室（京都市左京区下鴨半木町）で行われます。それに参加するつもりです。この間と同じく，京都国際学生の家に土・日，二泊する予定です。夜何時に帰るかわかりません。遊ぶ時間があまりありませんでしょうから，嶋田さんに会うことが出来るかどうかわかりません。もちろん，会うことが出来たら楽しいと思っています。
　月曜日午前10時より「北山杉と北山の名刹」の見学にも参加するつもりです。北山から帰ったらすぐ東京へ帰ろうと思っております。
　阿蘇登山の写真を1枚同封します。うらやましがらないでください。
　今度会えない場合は，お手紙で連絡を続けましょう。
　　　　　　　　　　　　　　　　　　　ハロ・フォン・センガー

昭和49年10月16日

1974年10月16日

鎌谷　様
　初秋の折柄，いかがお過ごしですか？　私が今住んでいる寮の寮生達は，皆風邪をひいたらしいです。あなたもどうぞお気をつけてください。
　この間会ったあと，ずっと連絡をしませんでした。どうもすみません。まだあの仁井田先生の論文の翻訳に取り組んでいます。清書し終わるには，今月一杯かかるでしょう。それまでたまにしか東京大学へ行けません。でも，九月三十日から拓殖大学の日本語の講座を受け始めました。毎週月火水の三日です。
　このごろ息抜きをする時間があまりありません。土曜日の午後も翻訳の清書をしています。今週の土曜日に，京都へ法制史学会第21回研究大会に参加しに行く予定です。来週の月曜日に「北山杉と北山の名刹」の見学が行われます。楽しみにして待っています。
　鎌谷さんはテニスが上手になったでしょう。うらやましいです。
　あとでまた連絡しようと思います。小さなスイスみやげを同封して送ります。かわいがってやってください。
　　　　　　　　　　　　　　　ハロ・フォン・センガー

昭和四十九年十月十六日

高橋　隆二　様
　貴兄はもうすぐネパールへの旅行に行く予定でしたね。
　この旅行は貴兄にとってとってもすばらしい冒険になるように，心の底から望んでいます。そして，貴兄がそのあと無事に帰国なさるように，お祈りいたします。
　　　　　　　　　　　　　　　ハロ・フォン・センガー

昭和四十九年十月十九日

■ 1974年10月23日

中沢 巷一 先生 お元気ですか。
　初めに，自己紹介をいたします。私はハロ・フォン・センガーと申します。スイス人です。昨年10月末，日本学術振興会の奨学金のおかげで日本に来て，滋賀秀三先生の指導の下に東京大学法学部の外人研究員として勉強いたしております。チューリヒ大学で，1969年に法学博士の資格を取りました。『伝統中国における売買契約の研究』が博士論文のテーマでした。1969年から1971年まで，チューリヒの市の二つの裁判所で働いて，1971年の春に弁護士の資格を取って，1971年の秋から昨年の10月末まで台湾へ行って，国立台湾大学法律系研究生として二年間中国語と中国法制史を勉強いたしました。とりわけ楊鴻烈の『中国法律思想史』のドイツ語訳に従事いたしました。来日後もその仕事を続けて，今では下書きがもうすぐ終わるところです。そのほかに日本語の勉強をしたり，今年の夏から仁井田陞先生の『日本律令の土地私有制並びに唐制との比較』をドイツ語に翻訳したりしております。
　来年の10月まで，日本で勉強する予定でございます。しようと思ったことの一つは，日本人の学者によって書かれた，日本と中国の法制史についての本と論文のドイツ語の文献目録を作ることです。今までに，日本法制史学会で出版されたそれに関する目録に出てくる題目一つずつをカードにはりました。そのカードは六千枚くらいになりました。戦後から今までに出て来た作品のほとんどをまとめられたと思っています。明治時代に出て来た法律に関する目録があり，その中で法制史に関するいくつかの著作も述べられています。けれども明治期から戦後までの間に出て来た

そういう著作の目録がみつかりませんでした。

ところが，私は先週京都で行われた法制史学会第21回研究大会で，先生の教えを受けた新井勉という名の学生から，先生はそれに関する作品についてとても完全なカード目録をお持ちになっているということを教えていただきました。

その目録はどのようなものなのか，いくつの著作が述べられているのか，どの時代の著作か，などの問題について，先生に教えていただきたいと希望いたしております。それに私がこの目録を私のドイツ語の目録のためにどの程度まで使わせていただくことが出来ますか，お知らせ願いたいと思います。

初めて学生からお名前を聞いただけの先生に，こんなに長い手紙を書きました。どうもすみませんでした。あつかましいとは思いますが，お返事をいただけるのを楽しみに待っております。

敬具

京都大学法学部　中沢巷一先生

ハロ・フォン・センガー

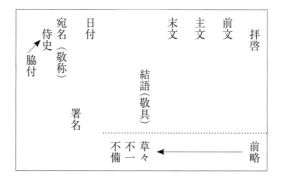

■ 1974 年 10 月 28 日

関西大学法学部教授　石尾　芳久　先生
　お元気ですか。
　先々週京都で行われた法制史学会第 21 回研究大会で，先生と知り合うことが出来ただけではなくて，先生から非常に熱心に，また親切に教えていただくことが出来たことについて，大変幸運でありました。光栄に思っております。その上また昨日先生から非常に有益なお手紙と資料を送っていただいたことにも，先生に心の底から深く謝意を表したいと思っております。
　帰ってから，私が仁井田陞先生の論文の翻訳をする時に参考にした参照資料の表を見ていて，石尾先生の『日本古代法の研究』法律文化社 1959 という本も書かれてあることに気がつきました。実際に，仁井田先生の論文の第 104 ページに出て来る「天罪」という言葉の意義を調べるために，石尾先生の本をもうすでにこの夏早くに発見して，参考にいたしておりました（3～35 ページ）。このようなえらい学者に実際に会うことができたことについて，非常に恵まれていると感じました。
　それから，ご迷惑でなければ，たびたび先生とご連絡させていただきたいと思っております。少なくとも今度の学会でまたお会いすることが出来るよう，望んでいます。

　　　　　　　　　　　　　　　　　　　　　　　　　　　敬具

牧　英正　先生　お元気ですか。
　今年の春，東京で行われた法制史学会第 20 回研究大会で，また先々週京都で行われた第 21 回研究大会でも，先生は私にとても親切に接してくださいました。とりわけ，色々な学者に私を紹介してくださいました。そのため，私は先生に心の底から深謝いたしたいと思っております。
　先生は見学の時に，私にとても有意義な言葉をおっしゃいまし

た。法制史に関する本だけを勉強するのは足らない。それ以外に，法制史に関する具体的な古跡を見に行かなければならない。そうすると，本の上の知識を生かせるようになる。そう先生はおっしゃいました。残念なことに，おっしゃった時はちょうど見学の終わりでしたから，もっと詳しく教えていただくことが出来ませんでした。ですから，失礼とは思いますが，今先生からそのことについて，この手紙で教えていただきたいと思っております。先生はそういう日本における一番重要なところの表を，私のために作ってくださるお時間がありますでしょうか。

　私の日本に留学する目的は，後の中国法制史とそれに関する日本法制史についての研究の基礎的な知識を得ることです。いわゆる基礎的な知識というのは，

　一）日本語が出来るだけ上手になりたい

　二）同時にいろいろな日本人の学者と，私の専門に関する問題について話し合いたい

　三）またその方々の本と論文について，概要的な理解をさせていただきたい

　四）それ以外に，日本人と日本の文化を少しでも理解したいということです。

　それは，私がいつも心がけている目的でございます。もし，先生からこの点についても教えていただくことが出来たら，幸いと思っております。私は日本に滞在する期間が短いですから，欲張っていろいろな日本人の日本や中国の法制史専門家からとても価値のあることを教えていただくことができるようにしたいと願っております。そして，皆様に私の指導をしていただくことを望んでおります。

　お父様によろしくお伝え下さい。

敬具

日の丸の中の白十字

昭和四十九年十月二十九日

ハロ・フォン・センガー

牧　英正　先生
　　　　侍史

■ 1974年10月30日

石井良助先生，お元気ですか。

　先生の熱心なお手伝いのおかげで，私はもう一年間日本で勉強させていただきました。この一年間，また先生はいろいろな面で私のお世話をして下さいました。五月のある土曜日の夜，先生と長くてとても有意義な話をさせていただきました。先々週京都で行われた法制史学会第21回研究大会では，先生は私を多くの学者にご紹介下さいました。また，今週，先生のお書きになった『地租改正と土地所有権の近代化（一）』という非常に興味深い抜刷をお送り下さいました。このことは，つまり先生がいつも私にとても親切な待遇をお与え下さっていらっしゃるということを，私に改めて感じさせております。その最大のご好意のために，私は先生に対して，心の底から深謝をしたいと思っております。先生に感謝する一番良い方法は，今までより努力を尽くすことだと存じます。もうすぐ私は初めての日本語からドイツ語への翻訳の清書を終わる予定でございます。仁井田陞先生の『日本律令の土地私有制並びに唐制との比較』という論文の翻訳でございます。あつかましいのですが，先生にコピーを一つお送りしたいと思っております。もし先生にお読み下さる機会がありましたら，私に間違ったところについて教えて下さることが出来ると思います。そうすれば，非常に幸いと思っております。

　これからだんだん寒くなってまいりますが，どうぞご健康にお気をつけ下さいますよう，祈っております。

敬具

昭和四十九年十月三十日

ハロ・フォン・センガー

石井　良助　先生
　　　　侍史

■ 1974年11月5日

　一昨日，私は，私の日本語の先生のご紹介で，所謂「霊動」に接する機会をいただきました。その日にはちょうど一つの懇談会が行われました。先生のいとこの石川さんの家で，三十名ぐらいが（半分は女の人，あとの半分は男の人，平均五十才位でした）集まっていました。初めに，霊動の長老の田部井さんがそのことについて話してくださいました。私が分かったのは，霊動はとりわけ一つの健康法ですが，それだけではないということです（それ以外のなにかは分かりませんでしたが，あとでほかの人から宗教だと教えていただきました）。霊動をする目的は，心の空白状態を保ち，雑念を放棄することです。その上，無我夢中で神秘的に意識の世界から離れ，大自然と合体することを体得するものです。霊動をする間，自分以外の力が（あとでほかの人から，それは宇宙や天地の霊だと教えていただきました）やっている人を動かしてくれます。天地の霊で動かしてもらう基本的な方法は，気合と，顔の前で両手で門の形を作り，唯一心に全力を両手の中に集中することです。そうしても初心には必ずしも動かしてもらうことはないかもしれません。霊動を始めてそのようなほかの力に動かしてもらうまでの時間は，人によってちがいます。すぐそういう大自然との合体を体得することもあり，何年も成功しないこともあります。田部井さんは，戦後からずっと健康だそうです。

　そのあと，いく人かの会員は自分の体験の交換をしました。そのうちの四人くらいは大変感謝を表しましたが，一人の女の人は「私は

三ヶ月間霊動をしたのに，いままで全然動かない」とおっしゃいました。

最後に，道場で二十人ぐらいが霊動をしました。先達は「冥目正坐」と言ってから，皆さんは深呼吸をしました。あとで，先達についてみんなが25回「たい」と呼びます。その後で十四人の人達が，一人一人先達のしたように大声で「たい」と叫び，また同じようにほかの人がついて叫びます。最後に先達は大声で「唯一心」と言うと，皆さんは両手で所謂門をつくって，大部分の人は十秒くらい後，いろいろな動きをし始めました。時々その動きは不自然で，時々かなり自然だと思いました。し終わった人達は出て行ってしまいました。

あとで，落合という名の人とも少し話し合いました。彼は霊動をもう三年間しています。そして霊動を大変ほめました。あの動き方はあくびのような自然なものだそうです。空白状態と入っても，自分を完全に忘れることはないそうです。

結局，私は有益であり有意義な活動だろうと思って帰りました。これからやってみたいと考えています。

■ 1974年11月6日

奥村郁三先生，お元気ですか。

春に東京で行われた日本法制史学会第20回研究大会で先生にお会いいただいたことについて，大変幸運であり，また光栄に思っておりました。是非またお会いしたいし，色々なことについても教えていただきたいと願っておりましたが，残念なことに京都で行われた第21回研究大会の前に，先生からお手紙をいただいて，その中で，先生がお仕事が忙しくて研究会に参加なさることが出来ないということをお書きになっていらしたので，またお目にかかれる機会が先に延びたと知って，大変残念に思いました。けれども，私は来年の十月まで日本で勉強する予定でございますから，きっとそのうち先生にまたお会いする機会に恵まれるで

しょうと強く望んでおります。

　また，先生のお書きになった「東洋法制史学の現状と課題」と「旧中国法の特徴と現代中国」という興味深い論文を私にわざわざ同封してお送りくださいまして，ありがとうございました。まだ全部を読む時間がありませんでしたけれども，第二の論文の第二ページ第六行目の第一の熟語はミスプリントでしょうか。構利の代に，というのは，権利の方が正しいのではございませんか。今ちょうど仁井田陞先生の一つの論文の翻訳をし終わるところです。終わったらすぐ先生の二つの論文を読む予定でございます。

　是非またお会いし，教えていただきたいと考えております。

　これからだんだん寒くなってまいりますが，どうぞご健康にお気をおつけ下さるよう祈っております。

　日本語の勉強の為に，自分の手紙をコピーして残したいと思ってボールペンを使って書きました。どうぞ失礼をお許し下さい。

敬具

■1974年11月11日

　久保先生，お元気ですか。

　京都で行われた日本法制史学会第21回研究大会の時，先生とご一緒に昼ご飯を食べたり，非常に有意義な話をしたりする機会をいただいて，本当にとても幸せと思っておりました。その時，先生の有名であり偉大な日本人の法制史家としての珍しい体験とご意見が伺えたことが嬉しいことの一つでした。先生のご親切に対して，大変感謝を感じ，それをこの手紙で表そうと考えました。わかっていただけますでしょうか。

　これから，だんだん寒くなってまいりますが，どうぞご健康にお気をおつけ下さるよう，祈っております。

　先日，奥村郁三先生から「旧中国法の特徴と現代中国」という

先生のお書きになった論文を送っていただきました。この論文の特徴は，ものすごくていねいな表現方法です。しかし残念なことに，私には色々なところがあまりよく分かりません。例えば，
- また，この異質ということでありますが，異質であればあるだけ，その研究は我我にとって有益な結果をもたらすであろうということは，後ほどお話に触れることができるかと思います。
- …現代中国法のまぎれもない特徴の一つにあげることが出来ます。
- …あれは名裁判官であるというふうにいまでもなっておるようであります。
- よく子供でも知っておりまする例をあげますと
- …であるといわれているでしょう。

新潟大学教授中村茂夫先生に書いた手紙

　中村先生，お元気ですか。

　京都で行われた法制史学会第21回研究大会で，先生とご一緒に昼ご飯を食べたり，興味深いお話を伺ったりすることができただけではなくて，その後先生から大変価値があるお手紙をいただいて，いずれのことに対しても深謝しなければならないと感じます。どうもありがとうございました。西洋人として，中日法制史についての私の知識は，経験がなかったということで，日本人の学者とは比較することが難しいですし，研究する機関も少なかったですから，日本人の学者から教えていただくことが出来ることは，非常に必要であり，ありがたいと考えております。

　少なくても，次の学会でまたお会いすることが出来るよう希望いたします。

　先週私と寮の一人の友人と一緒に，一橋大学祭を見に行きました。1枚のびらをもらって，そこで次のことを読みました。

　走り高跳び，お子様五十米走，パン食い競争，二人三脚，借り

物競争，綱引き，ムカデ競争，クラブ対抗リレー

　残念なことに，私が着いた時，そういう運動はもう終わっていましたから，それがいったいどんなものか，観察することができませんでした。けれども，先生から教えていただいてから，また金門飯店で職員達やお客様達とそういう面白そうな食べ物に関係あることを真似させていただくことになるかもしれません。

■1974年11月13日

早稲田大学教授古賀登先生に書いた手紙

　古賀先生，お元気ですか。

　この間，京都で行われた日本法制史学会でお目にかかったことについて，大変幸せと考えております。しかし残念なことに，今まで一年間しか日本語を勉強していなかったので，先生の商鞅に関する講演を完全に理解することが出来ませんでしたし，見物に歩いた時も先生から教えていただく時間が短か過ぎました。私はもう一年間くらい日本で勉強する予定ですから，そのうちまた先生とお会いすることが出来たらいいと希望しております。

　西洋では，中国法制史の研究は今まであまり進んでおりませんでしたから，私がなるべくたくさんのことと色々な中国法制史に対しての立場について，日本人の学者から教えていただきたいと考えております。この分野では，日本人の専門家が世界中でやはり一番創意的であり先覚者だといわれていますし，私もそう思っております。

　どうぞよろしくお願いいたします。

　今からまた一段と寒くなると思います。どうぞお体にはお気をおつけ下さい。

敬具

今朝，また入交さんのお宅へ参りました。小野道風のお話を聞かせていただいたり，その後ほかの日本のことについて，お教えをいただいたりいたしました。一番面白いことの一つは，日本における神社の種類についてのご説明でした。例えば，方除神社もあるし，厄除神社もあるし，安産とか交通安全のための神社もあるそうです。戦死者のためには靖国神社が一番有名なものかもしれません。

その上，昔日本で所謂巡礼をする人々は，三十三か八十八の神社とかお寺を回って参拝し，途中でご詠歌を歌ったり，粗末な帽子をかぶり白衣を着たりして，鈴を鳴らしながら歩いたそうです。今の日本人の中では，そういうことは少なくなったそうです。また，時には歩かずに，バスとか自動車で速く回る人が出てきたそうです。

■ 1974年11月18日

私は，仁井田陞先生の前掲の論文をどんなふうに翻訳したかということについて，ちょっと今日の記事を書こうと思っています。この論文は，戦前の文体で書かれ，仁井田先生の一番初めの論文で，古い日本と中国の書籍から引用された所は二百くらいあります。それほどたくさんありますから，日本語の初心者の私にとって，難しくないとは言えません。

私はその第一歩として，仁井田先生ご自身の書かれた文章だけを三木ハイムの寮生である一人の友達と読んで，分からないところについて説明してもらいました。それは7月の4日から20日まで大体毎晩拓殖大学から帰ったあとの仕事でした。

それを終えたあとは，やっぱり上記のようにたくさん古い日本語の漢文が残っていました。それを正確に理解するためにはどうしたらいいか？　やはり適当な先生をみつけて，その先生から教えていただくことが一番いいと思いました。

運良く，偶然に夏休みの間国際キリスト教大学の傍に住まわせてもらいましたので，そこの日本語研究所の一人の先生が私と一緒にそういうところを読んだり，私に説明したりすることで，私を助けて下さ

いました。それには約二十時間かかりました。その先生にもわからない所があったから，第三歩として，東京大学の石井紫郎先生から十二時間お教えをいただきました。もちろん第二と第三歩の間にも，私は自分自身でなるべくたくさんの言葉を色々な本で調べました。

それでもなかなか分からなかったり，疑わしい所について，京都の法制史学会の時，四人の日本と中国の法制史の専門家から，休憩の間，教えてくださるようにお願いしました。都合をつけて，とりわけ石尾先生は三時間ぐらい説明してくださいました。

今日になってもまだ中国法制史の滋賀秀三先生から三時間以上の教えをいただきました。おそらくこれが最後でしょうと思います。これでだいたい分かったつもりです。

仁井田先生の論文は，五十ページだけですけれども「(さんしょは)ぴりりとからい」と言われるように，題材についての短い論文の中に，ピリッとした難しい部分がたくさんあったことが，今になってよくわかりました。

鎌谷啓子さん，お元気ですか。

この頃，鎌谷さんは何をなさっていらっしゃいますか。テニスがとっても上手になったでしょうね。

私は，やはり以前のように，非常に忙しいですから，猫の手も借りたいほどです。八月二十日から今までずうっと以前に鎌谷さんに見せた仁井田先生の書いた論文の翻訳に携わっておりました。ものすごくたくさん時間がかかりました。もうすぐ髪の毛は白くなるかもしれません。が，清書が今日出来ましたから，自分自身の注釈を書かなければなりません（五五〇くらいです）。

土曜日の午後も勉強します。一人の日本人の学生の友達と一緒に，私に勉強の指導をしてくださる滋賀秀三先生の『中国家族法の原理』という本を読み始めました。これからこの本も部分的に翻訳しようと思っております。この学生は，元来慶応大学の四年生ですが，特に今学期は滋賀先生の「東洋法制史」の授業を受け

るため、東大法学部の聴講生になりました。彼は本当に法制史に対して興味を持っています。

それ以外に、私は日本人の学者が書いた法制史に関する色々な本と論文の目録をつくろうと考えています。夏休みの間、ほかの人がアルバイトとして七千枚のカードに一つずつ論文や本の題名と作者の名前を貼りました。今からこの作家の名前に読み方のひらがなをふってくれる人を見つけたいです。この仕事もアルバイトとして出したいと思っております。高くても三万円くらいまで払う予定です。七千枚くらいのカードといっても、七千近い作家の名前ではありません。この七千の作品は、一千か二千くらいの学者によって書かれていると思います。ですから、この仕事はそんなに難しくはないでしょう。昔、鎌谷さんは、弟さんが、そういうアルバイトに対して興味を持っていらっしゃるようなことを私におっしゃいましたね。どうぞもし弟さんかお友達でそれをしたいと思う方があれば、連絡下さい。

今から、拓殖大学の日本語研究所で小学校の六年生の国語の教科書を勉強する予定です。なかなか中学生にはなれません。中学校の国語の教科書の新しい単語を、夏休みの間アルバイトとして日本人の学生がていねいにたくさんの帳面に英語の意味といっしょに書き抜いてくれました。一万語くらいになりました。少なくないですね。じゃ、またもりもりと勉強しましょう。

鎌谷さんとまた会うことが出来る機会に恵まれることを楽しみにして待っております。

■ 1974年11月25日

最近、二つの大学祭を見に行きました。十一月の初めに一橋大学祭を、さきおととい慶応大学祭を味わいました。一橋大学の国立の校庭の方が、慶応大学の三田の校庭よりも広くてきれいだと思いました。だから、一橋大学の大学祭の方がにぎやかに見えました。両者の大学

祭には模擬店がありましたが、一橋大学の方がたくさんでした。一橋大学祭の設備は皆遊ぶためのものばかりでした。それに対して、慶応大学祭では遊び場所以外にいくつかの大きな教室に学生達の書いた「日本の直接投資、寡占的市場構造はその要因となり得るか」、「食糧危機」、「現代の戦争」などの題材についての研究発表がたくさん壁に貼ってありました。そういう研究発表の中に、学生達がいろいろな政治学科とか法学研究会で、先生の指導の下に調べ出したことが書かれてありました。

そして、慶応大学の学生の人数の方が多いですから、クラブもたくさんあります。三百以上と言われていました。特に目立つクラブは、切手収集のクラブとか、空飛ぶ円盤クラブ（今クラブ員は二名ばかり）とか、茶道クラブとか、推理小説のクラブとかでした。ほんとに天国にいるような気持ちになりました。そういう大学祭はスイスにはありません。日本の大学の特徴かもしれません。

■ 1974年11月26日

服部さん、お元気ですか。

7月に、東大の校庭で会って、いろいろ案内してくださって、どうもありがとうございました。ドイツ語のお勉強はいかがですか？

今日は一つ質問をしたくて、この手紙を書いています。私は今日本人の学生の寮に住んでいます。この寮の規則によると、4月から翌年の3月までの1年ずつの契約で住まなければなりません。途中で出るのはいけないのだそうです。私の場合は、1973年の10月から来年の10月まで、つまり二年間日本学術振興会の奨学金をもらいますから、必ず来年10月に日本から離れなければなりません。ですから寮の方は来年の3月に出て、そのあと10月まで新しい部屋をさがしたいです。今度は出来れば東大の傍へ引っ越そうと思っています。そうすれば、毎日東大のいろいろな

施設を利用することが出来るようになり，とりわけ私の研究室へ毎日らくに行くことが出来るようになります（今住んでいる所からは，毎週2回しか東大へ行けません）。これから来年の3月まで，私は東大の近くに住んでいる知り合いや友達や不動産屋に聞きながら，こういう希望に合うような所を探そうと思っています。もし服部さんも東大の近くの来年の3月から空くアパートとか，寮の部屋をご存知だったら，どうぞご連絡ください。お願いします。

　ますます寒くなりますから，お体に気をつけてください。

■1974年11月30日

　この間，大阪市立大学教授牧英正先生から次の手紙をいただきました。

> 拝復
> 　お手紙を拝見いたしました。手にしましたのがおくれ，御返事を差し上げるのがおそくなったことをお詫びします。学兄の熱心な御勉強には感心いたしておりますし，お役に立つことがあれば，喜んでお手伝いをいたしたく思います。
> 　先日帰途のバス中でお話ししたことを耳にとめられ，手紙をいただきましたことに責任を覚えます。
> 　ところで，「日本における一番重要な法制史に関する所の表」を作るようにとの御希望でありますが，なかなかお返事を書くのはむつかしいのです。
> 　理由は，（一）あなたの御希望が中国法制史を中心とする問題にかぎられるのかどうか，意のあるところがよくわからないこと，（二）御勉強の間に，どれほどの時間を，それにあてることができるのか，時期はいつがよいのか，（三）経済的な条件はどうなのか。——このようなことが私にはわからないからです。
> 　しかし，こうした諸点も，私の作るリストを見て予定をたてら

れることもありましょうから，一応考えてみることにします。
　この手紙を追いかけて，二・三日のうちにお届けします。
　重要と考える点では何人も異論のない東大寺正倉院の展観は残念ながら十一月十日で終わります。来年十月末までその機会はありません。
　とりあえず，擱筆します。
　悪い風邪がはやっておりますが，どうかお元気で。

十一月七日

牧　英正

ハロ・フォン・センガー学兄

今日，牧英正先生の次の手紙をいただきました。

　乱雑な字で，しかも完全とはいえないリストです。学兄の熱心さにこたえる資格のないものですが，許して下さい。
　関西の方に来られるなら，御案内する用意があります。御都合のよい時期はいつごろでしょうか。
　あまりおそくなってはいけませんので，とりあえず御返事します。
　寒くなりますから，お大事に。

十一月二十四日

牧　英正

ハロ・フォン・センガー学兄

　ここに同封しましたものはさし上げます。手もとにあったものですが御参考まで。

　　お送りいただいたリストは次の通りです。
　　　　　　　〇印は是非

日の丸の中の白十字

神話に関係して
　出雲大社（いずもたいしゃ）　世俗では，縁結びの神とされていますが，神話にゆかりのある地方で，近辺には日本最古の神社建築もあります。東京からは遠いから，割愛せざるを得ないかもしれません。
○伊勢神宮　天皇の先祖という天照大神（あまてらすおおみかみ）を祀ります。全国で最も参詣者の多いお宮です。古代の建築の様式を伝えています。近くの海は美しく，真珠の養殖で有名です。

中国の影響を受けて
○法隆寺（奈良県）　世界最古の木造建築です。
　　隋の文化の攝取に努力し，冠位十二階法や憲法十七條を制定した聖徳太子の作った寺です。
　　近くの中宮寺（ちゅうぐうじ）にも立ち寄って下さい。ここの本尊弥勒菩薩（みろくぼさつ）像は，清らかな品格のある傑作です。
○飛鳥（あすか）地方（奈良県）　日本の故郷は大和，大和の故郷は飛鳥といわれます。このあたりには連続してではありませんが，十一人の天皇の皇居があったと伝えられています。飛鳥浄御原（あすかきよみのはら）朝廷令が行われた飛鳥板蓋の宮（いたぶきのみや）もこの中にあり，発掘が進められています。

律令制の最盛期
○奈良市　平城京趾のほか，奈良時代の文化を伝える多くの寺院があります。
　東大寺　大佛で有名ですが，ここの倉庫である正倉院は，唐朝の文化を伝えています。残念ながら，毎年10月末から11月の初めの間しか公開されません。
　唐招提寺（とうしょうだいじ）　開山の鑑真和上は唐の高僧で，

聖武天皇の招きで来日しました。この講堂は平城京の朝集殿を移築したものです。

薬師寺（やくしじ）　唐招提寺のすぐ南にあります。この寺の三重塔は姿が美しく，"凍れる音楽"と評され，多くの人に愛されますし，すぐれた仏像もあります。

興福寺　奈良時代から平安時代にかけての最大の宮廷貴族藤原氏の氏寺（うじでら）です。五重塔を見て，宝物殿（すぐれた仏像彫刻があります）を見て下さい。東大寺の近くです。

春日大社　同じく藤原氏の氏神（うじがみ）です。

中国風（唐様－からよう－）から日本風に

○京都市　平安京のおもかげを伝えるものはほとんどありません。

平安神宮は，明治以後の建築ですが，平安朝の宮殿を模したものです。

ここのお祭りを時代祭（10月22日）といいます。各時代の衣裳をつけた行列があります。

八坂神社　祇園（ぎおん）さんといって親しまれています。ここのお祭りを祇園祭りといいます。7月中旬，実に見事な鉾（ほこ）・山車（だし）の行列です。一見に値します。

京都の三大祭は，もう一つ賀茂神社のあおい祭（5月15日）があります。王朝時代の服装をした人々の優雅な行列です。

京都御所　平安京の皇居の焼失後，明治までの皇居。中国風の宮殿から日本風の建築に。京都では是非こらんなさい。参観できるはずです。

桂離宮（かつらりきゅう）　皇族の別荘。1620～24建立。

代表的な日本建築・庭園で，美の至極とされます。参観には，手続が必要ですが，その努力をする価値はあります。

修学院離宮（しゅうがくいんりきゅう）　天皇の別荘です。京都

の北山連山を庭の背景にとりいれ（借景といいます），雄大
　　な規模をもちます。宮内庁の管理下にあり，参観には手続
　　が必要です。
　二條城　徳川幕府が京都の警衛および，上京のときの宿舎とし
　　て建てたものです。

京都には寺院はたくさんありますが，そのいくつかを挙げますと，
　金閣寺（きんかくじ）　将軍足利義満（あしかがよしみつ）の別
　　荘です。1397年。
　　建物に金箔（きんぱく）をはり，豪華とされますが，庭園
　　と調和します。
　銀閣寺（ぎんかくじ）　将軍足利義政（よしまさ）の別荘です。
　　1490年ごろ完成。
　　東山文化を代表する建築・庭園です。
　東寺（とうじ）（＝教王護国寺）　796年創建。京都の学会で話が
　　ありました。
　宇治平等院（うじびょうどういん）　平安朝最高の貴族藤原氏の
　　別荘に建てられた寺院。1052年創建。
　　平安末の文化を伝える。
　東・西本願寺　浄土真宗の本山で，仏教のなかでは最多の信徒
　　があり，大きい建物です。西本願寺は特に文化的にもすば
　　らしいものです。

その他では，島原（しまばら）　日本の代表的な古い遊廓です。
1640年創設。
　角屋（すみや）というすぐれた建物が残っています。

　関東方面のことは，東京の人にお聞き下さい。

　その他，私の大学の学生達と討議して，金持でない外国の人のため
に日本を代表する名所を厳選してみました。奈良・京都以外では，

○平泉（ひらいずみ）
○岐阜県高山市（たかやま）　地方の中都市で，古い町屋，代官所，近郊の代表的な農家を集めた民俗村。
○金比羅宮（こんぴらぐう）（こんぴらは印度の神。伊勢神宮についで，近世には参詣が多かった。）
　↓
　栗林公園　高松市（金沢の兼六園，岡山の後楽園とあわせて，三名園とされますが，ここが最高と思います。）
○厳島（いつくしま）（古来，日本三景の一とされています。）～広島市の西（原子爆弾投下の地です。）
○長崎（ながさき）→九十九島湾→平戸（ひらど）　長崎は江戸時代に唯一の開かれた港でした。オランダ・中国・明治初期の外人屋敷等。平戸にはそれ以前，ポルトガルの匂いが少し残っています。

近世の封建大名の城としては
　姫路城（ひめじじょう）（兵庫県）　1610年。戦災にもあわず，古い形を多く残しています。日本城廓建築の最盛期につくられた優秀な遺構です。姿が美しく白鷺城（はくろ・しらさぎじょう）の名でよばれています。
　松本城（まつもとじょう）　1504年築城。
　　現存天守閣のなかで，規模の大きいものの一つ。姫路城とはちがった味があります。
　注：後からわかったところによると，栗林公園は三名園には入っていないということでした。

1974年12月2日

グラノーラの物語（一）

夏休みの間，日本ルーテル神学大学の寮に住んでいた時に，一人の向こうにいまも住んでいるアメリカ人の友達から，グラノーラという健康食について教えてもらいました。グラノーラがすぐ大好きになっ

て，それをむこうの寮にあった店で何回も買いました。三木ハイムへ帰ってからも毎日グラノーラをポリポリと食べ続けようと思って，吉祥寺のみうらという店でそれを売っているということをとうとう見つけました。見つけましたが，残念なことに，ちょうど売り切れたばかりだったので，買えませんでした。「もうすぐ又入ります」と言われてしまい，一週間あとに又その店へ行って，「まだ入っていません」という返事をもらってがっかりして帰りました。そういうことはその後もう２回くらい繰り返しましたから，とうとう「入ったらすぐ電話をかけてくださいませんか？」とお願いしました。

そのうち，いろいろほかの店へグラノーラをさがしに行きましたが，どこでも全く目的を果たせませんでした。池袋の東武でも，新宿の伊勢丹と小田急と二幸でも，御徒町のアメや横丁などでも欲しい物がなかなか手に入りませんでした。その度にしょんぼりとして店から出ました。

とうとうみうらから電話をもらって，翌日買いに行きました。けれどもむこうの店員に聞くと「そういう食物を売っておりません」と言われてしまいました。私に電話をかけてくださった店員はちょうど休みでしたし，グラノーラは彼の係でした。でも，私はせっかく白鷺から吉祥寺へ来たのだからと繰り返して，「倉庫へ見に行ってくださるよう」しつこく頼みました。とうとう５箱をわけてもらうことができました。（続く）

■ 1974年12月3日

グラノーラの物語（二）

三木ハイムへ帰ってから，しばしば一人の友達の寮生にこのグラノーラのおいしさを宣伝しました。彼はなんだか信じられない気持ちで，１回私と一緒に吉祥寺のあの店へ行きました。その時，グラノーラは又ちょうど売り切れてしまっていました。「そんなに早く売り切れてしまうほどおいしいですか。」とその友達はびっくりしました。

その後やっと５箱買うことが出来た晩に，その友達に会って，少し

グラノーラを食べさせてあげました。友達は，楽しみにして，グラノーラとミルクを混ぜて，もぐもぐと食べ始めました。けれどもすぐに「おいしくない。」と言い，その後「もう食べたくない。」と失望して言いました。それを聞いて，私はしょんぼりして友達の前で黙って自分のグラノーラミルクをのろのろ飲んで，自分の部屋へ帰りました。前のグラノーラを食べた時の経験通りに，ものすごく満腹感を持ちました。食べる人に非常に満腹を感じさせるのはグラノーラの一つの特徴だからです。

あの5箱のグラノーラを食べきった後で，又新しいグラノーラを買おうと思って，吉祥寺のみうらの店へ又行きました。信じられないことに，又売り切れでした。けれども一週間あと，霊道をやってから行くと，又置いてあったので，5箱買って帰りました。その後のある晩，寮の晩ご飯を食べると，あの友達が「私はもう1回あのグラノーラを食べてみたい。」と言いました。「どうしてですか。」と聞くと，友達は「この頃お腹がすいていると，グラノーラのことを思い出して，大変おいしかったのにと思った。」と言って，私をどきっとさせてくれました。（続く）

■ 1974年12月3日

グラノーラの物語（三）

私はもちろんすぐその願いを聞いて，グラノーラを持って来て，友達に食べさせてあげました。彼はそれをミルクと混ぜて，食べ始めました。そうするやいなや「ああ，おいしいな！」とにこにこしながら言いました。「もし，あなたが又買いに行くなら，私のために3箱買って来て下さい。」と続けました。

自分のグラノーラを食べ切った時，又吉祥寺へ行きましたが，1箱も買えませんでした。「又入った時電話をかけましょう。」と店員は言いました。

その友達と私は，首を鶴のように長く伸ばして，よだれをたくさん垂らしながら，しばらくの間待ちました。そのうち，友達はいろいろ

な店にグラノーラをさがしに行って、むっつりして帰ってきました。とうとう私はたまらなくなって、自分からあの店へ電話をかけました。初めは誰もグラノーラという食物の名前を知らなさそうでした。いろいろ説明してから、むこうの店員はやっとピンときたらしく、調べに行って、又帰ってきて、次のことを教えてくれました。「グラノーラを輸入している日本の会社の倉庫においてあったグラノーラに虫がついていて、全部だめになったから、来年2月か3月頃、新しいグラノーラが又輸入されるかもしれません。だから来年の春まで待ってください。」と。（続く）

　牧英正先生，お元気ですか。

　先生には二通のお手紙をいただきました。どうもありがとうございました。非常に嬉しく読ませていただきました。11月24日のお手紙に同封された法制史に関する日本における古跡のリストは，私にとって最大の価値を持っております。先生にこれほど大きなご面倒をおかけして，本当に申し訳ありませんでした。このリストは，これから来年10月まではもちろん，そのあと又日本へ来られればその時も，私の日本における旅行の貴重な手引きとして使わせていただこうと思っております。そのほかの非常に役立つ資料にも，大変感謝いたし，お礼を申し上げたいと思います。

　もし関西の方へ又行ければ，必ず先生にご連絡申し上げる予定です。先生にご案内をいただければ，非常に幸いだと思っております。

　今ちょうど仁井田先生の一つの論文の翻訳をし終わるところですから，ただいまは旅行する計画を持っておりません。たぶん来年の春先生のリストを使って旅行する機会を持てると思っております。その時には必ずご連絡申し上げて，お目にかかることを楽しみにいたしております。

　先生に教えていただけることは，私にとって光栄の至りです。本当にどうもありがとうございました。

■ 1974年12月9日

　先週の金曜日に東大法学部の緑会大会に行って参加しました。その時，次に書いた「東京帝大緑会の歌」という名前の歌が皆に歌われました。

　　春は弥生の　花霞
　　希望に燃ゆる　若人が
　　同じ心を　Jの字に
　　集めしわれらが　緑会
　　いざや歌わん　朗らかに
　　青春の日の　感激を

　　青葉涼しき　五月空
　　銀杏の陰を　逍遥えば（さまよえば）
　　古き歴史ぞ　偲ばれて
　　想いは遠き　夢に入る
　　いざや語らん　相寄りて
　　懐かしき日の　思い出を

　　六法星の　指すところ
　　行手遥けき　法の道
　　歩み疲れし　旅人よ
　　ここに緑の　泉あり
　　いざや称えん　この恵み
　　胸にあふるる　喜びを

　この歌の意味がよく分かれば幸いと思っています。そうすれば私も緑会の仲間に心から入れるのにと思います。

■ 1974年12月10日

　グラノーラの物語（四）
　そのうちに，あの友達はあきらめないで，もう１回グラノーラをさ

がしに行って，やっと銀座のある小さな横道にある小さな店で見つけました。このグラノーラは私の買ったグラノーラと違った物で，直接にアメリカから輸入されたものです。私の買ったグラノーラの箱は日本製で，もちろん日本語で書いた宣伝がいっぱいありました。しかしこの箱には日本語は書いてありませんでした。

　今，日本で二種類のグラノーラを買うことが出来るのを発見し，私は友達にその店で5箱を買ってくれるように願いましたが，友達は私のグラノーラの箱に書いてある住所へ行って，この住所にある店に置いてある最後の10箱を買って帰りました。その半分を私は買いました。今まで毎日ぽつりぽつりと食べています。日本から離れるまで，グラノーラを食べ続けられるように心から祈っています。大変おいしくて，栄養がたくさんある食べ物ですから。（続く）

> 　福永美代子さん，お元気ですか。
> 　この間の日曜日に美代子さんの誕生パーティに参加させていただき，私にとって光栄の至りで，とても楽しい体験でした。このパーティをいつまでも懐かしく思い出すでしょう。
> 　一つのことをお願いいたしたいと思っています。私は来年のNeue Züricher Zeitungというスイスの新聞を，前の年と同じように注文しようと思っております。お金を稼がない人としては，大変大きな割引をしてもらえますから，もし日本学術振興会が私にそう言う証明書を発行してくださることが出来れば，大変感謝をいたします。
> 　ご面倒をおかけして，どうもすみません。来週の月曜日に又お会いできることを楽しみにして待っております。

■1974年12月11日

　日本語が上達するために，一つの自分の専攻に関し，代表的な日本人の著者の書いた本をドイツ語に翻訳しようと思っています。いろいろな外国の学者に手紙を書いて，だれの論文を翻訳すれば価値がある

か聞きました。日本人の学者にも，その問題について教えてもらうように願いました。いろいろな意見を参考にして，とうとう私を今指導してくださる滋賀秀三先生の書いた『中国家族法の原理』という本の半分くらいを翻訳しようと決めました。自分の日本語の知識はまだ未熟ですから，必ずだれかの教えの下にそういう仕事に従事しなければなりません。先生の今の「東洋法制史」という講義を初めて受けに行った時，一生懸命ノートを取っている学生達に気づきました。授業の後，その一人に話しかけて，いつかゆっくり話し合う約束をしました。そして会って，私と一緒に先生の本を読んで説明してくださらないかと聞き，同意してもらいました。それから毎週土曜日の朝と午後，いっしょに読むことになりました。そのため，彼と特別に仲良くなって，年末を彼の広島にある家で過ごすように誘われました。三上威彦（みかみたけひこ）という名前をもっているその学生は，慶応大学法学部四年生で，法制史に対して大変興味を持っています。来春から大学院に入って，日本律令を研究しようという計画を立てていました。この友達を見つけたことは，本当に幸いだったと思っています。

1974/75 年　広島の友人三上威彦さんのお宅で（左から，三上さん，三上さんのお母さん，妹さん，著者，お父さん）

■ 1974年12月15日

今日，牧英正先生から次の手紙をいただきました。

> 再啓
> 　御懇書拝誦いたしました。お届けしましたリストを喜んで下さって，私も嬉しいのですが，同時に責任の重さを感じます。あ

のリストは，外国から来られた人のために，それもいそがしくて時間の余裕がない人のことを考慮した初歩的なものであります。かなり観光的要素が強く配慮されております。

　学兄の日本についての，また法制史についての御勉強は，そう遠くない期間で，このリストでは満足できなくなることと存じます。ただ初めて旅行される人のためにわかりやすい所をえらんでいることを御留意下さい。

　春になって暖かくなったら関西においで下さい。私の家――貧乏学者で小さい家ですが――にも泊まっていただこうと思います。

　今年も残り少なくなってきました。ご存知かもしれませんが，十二月のことを古くは師走（しわす）とも呼びました。日頃おさまっている先生も，いそがしくなって走り出すという意味です。私もいそがしい思いをしています。

　小著を一冊同封いたします。私の研究の一端を要約したものです。御参考になれば幸甚です。

　寒さがきびしくなりますが，どうかお元気で。

極月八日

牧　英正

ハロ・フォン・センガー学兄
　　　　　　硯北

■1974年12月17日

　これからたくさんの日本人の友人と知り合いに，年賀状を出さなければなりません。何を書くのがいいかよくわからないですから，ここにいくつか私が書こうと思っている挨拶を述べたいと考えています。それについて，先生から指導していただければ幸いと存じます。

　一番簡単な挨拶は「明けましておめでとうございます」ですが，こういう挨拶だけを書いても失礼ではありませんか？　そういう挨拶は，

あまり深い関係はないけれども,やっぱりまったく無視したくない知り合いに書きたいです。

もう一つの書き方の種類は,私にお世話してくださった方に対してです。その方々には「明けましておめでとうございます。昨年はいろいろお世話下さって,本当にどうもありがとうございました。今年もよろしくお願いいたします。」

先生方にも年賀状を送りたいです。特に法制史の先生にです。「明けまして,おめでとうございます。昨年先生とお知り合いになることが出来た体験に恵まれて,先生からいろいろな面で非常に有益な教えをいただいて,本当に幸いと存じます。どうもありがとうございました。本年もどうぞよろしくお願いいたします。」このような挨拶は当てはまるでしょうか？

「明けましておめでとうございます」のほかには： 賀正(がしょう)　賀春(がしゅん)　頌春(しょうしゅん)

明けましておめでとうございます。

御年賀いただいて恐れ入ります。こちらこそ今年もよろしくお願いいたします。

拓殖大学日本語課の学生と一緒に
(1974年クリスマス会)

■ 1974年12月18日

　私に研究上の指導をしてくださり，私のために今いただいている奨学金を申請してくださった滋賀秀三先生に，出来るだけていねいな私の深謝の気持ちを表す年賀状を書きたいと思っています。次のように書けばどうでしょうか？
　「明けましておめでとうございます。
昨年は，先生が私のために二年分の日本学術振興会の奨学金をいただくことを可能ならしめてくださっただけではなくて，いろいろな非常に有益な指導をしてくださって，本当にどのように深謝の気持ちを表すことが出来るか，今の私の日本語では分かりません。先生のご恩に報いる一番良い方法は，今までより工夫を重ね，先生と一緒に考え出した方針に従って熱心に研究の仕事を進めることだと思っております。今年も相変わらず御指導いただきたく，お願い申し上げます。」
　そして，私を滋賀先生に紹介してくださった石井良助先生にも，別に感謝の年賀状を送ることにしました。例えば，
　「明けましておめでとうございます。先生のおかげで，一番良い条件の下に，最も有名な中国法制史の今の教授の弟子として，施設が一番完備した大学で二年間勉強でき，研究させていただけることに，本当に深謝の気持ちを表すために，どんな言葉がそれに当てはまるか，見つけることは難しいです。先生からいただいた，こんなにすばらしい学問的機会を出来るだけ完全に利用し尽くすために，昨年より工夫いたし，又それに努力を重ねて行きたいと思っております。」

■ 1975年1月7日

牧英正先生からいただいた年賀状です。

> 明けましておめでとうございます。
> 新しい年が学兄にとって良い年であるように祈ります。日本におられるのもこの一年ですが，たのしいおもいでとなるようにあってほしいと願います。寒中お大事に。暖かくなったらまたお目に

かかりましょう。

■ 1975年1月14日

　この間，拓殖大学の食堂の前を通っていると，台湾人の張という名前のこの大学の留学生と会いました。彼は新宿に住んでいますから，あの辺りをよく知っています。いろいろな面白い所を知っていそうでしたから，紹介してもらいたいと言ったら，去年の十一月末「東京コンパ」というバーへ連れて行ってもらいました。土曜日の夜でした。地下の大きなホールの中に，丸い卓がたくさんありました。その回りに人がいっぱい座っていました。さて，どこへ座ったらよいかと見まわして，その一つの卓の傍にどさんと座りました。給仕の二人の女の子は中国人で，中国語で話してくれましたが，私の傍に二人の男の日本人がいて，張さんと私とに話し掛け始めました。始めは軽い冗談のような話でしたが，いきなりその日本人は私に「日本の政治に対して興味はありますか。」と聞いたので，私は「はい」と答えました。「私はあなたを私がよく知っている参議院議員の井上吉夫先生に紹介しようと思っています。先生は今年の選挙で鹿児島県から地方区で立って当選しました。農民組合代表でした。」その本山健一という名前の約三十才の人は，私にかなり良い印象を与えましたが，少し信じられない気持ちで名刺をもらいました。

　その後三～四回電話をかけてくださって，私のひまな時間などのことについていろいろと聞きました。クリスマスの前に一度会って，井上様の所へ行く手続きについて話し合いました。とうとう今月の

東京銀座でカラオケ（1978年10月撮影）参議院議員井上吉夫氏の秘書房村守雄さん（中）と本山健一さん（右）

十日，信じられないことに，参議院議員会館へ連れて行っていただいて，井上様の秘書の房村守雄様のおかげで，約一時間井上様と話し合わせてくださいました。

あのコンパへ行ったのは，私にとって大変幸せな結果をもたらしました。思いがけない人に会えて，幸せでした。

■ 1975年1月19日

三上様ご夫妻

お元気ですか。

広島のお宅で過ごさせていただいた日はもう過去になってしまいましたが，ご家族の皆様からいただいたご親切には，私の日本語で形容することが出来ないほどすばらしいものがあり，私の思い出の中で，いつまでも生きていることと思います。

物質的だけではなく，とりわけ精神的に思いがけないたくさんのことを教えていただきました。この約一週間の間，私の日本の歴史や日本人の性格についての知識をもっと深くさせていただきました。

初めて，私という外国人が，日本の家族の年末から新年の初めまでの日にちを体験させていただき，この大変まれな経験のうちに，この時期に関係ある習慣について皆様から大変丁寧に説明していただきました。三上様の家で一年の年末と一年の年頭を住ませていただいたのは，大変恵まれていたと存じます。

この機会にご子息を始め皆様に，私の深謝の気持ちを表したいと思っております。

このあと，いつか又スイスの私の家でお会いできるように希望しております。

敬具

昭和五十年一月十九日

　　　　　　　　　　　　　　　ハロ・フォン・センガー
三上様ご夫妻
　　　　侍史

橋本栄様に書いた手紙

前略
　橋本さんご夫婦，お元気ですか。
　有意義な四日間を過ごさせていただいて，どうもありがとうございました。いつも熊本を懐かしく思い出しております。また会うのを楽しみにして待っております。神華さんと華実さんによろしくお伝え下さい。
　　　　　　　　　　　　　　　　　　　　　　　　　敬具

日本健青会熊本県本部の津留今朝寿様に書いた手紙
津留さん
　おかげさまで，九州でとっても有意義な一週間を過ごすことができました。どうもありがとうございました。九州をいつも懐かしく思い出すようになりました。
　　　　　　　　　　　　　　　　　　　　　　　　　敬具

■ 1975年1月20日

　今まで，もう約一年二ヶ月日本語を勉強し，日常の生活ではよく通じるようになり，現在困ることはほとんどなくなりました。けれどもこのままで甘んじることは出来ないと思っています。
　第一の点は，大学の講義を受ける時に，その内容が自分の専攻と関係があっても，まだ完全に理解することが出来ません。その中でも難しいと思う点は，先生の使っている同音異義語と専門語に関してです。学術的な話の中に出て来る文語体の構文も，まだ充分勉強していませんから，日本人の思想を表すための言語的な表現方法も全く身に付い

ていません。このような欠点をなくすためには、たくさんの学術的な本や論文などを読まなければならない、つまり、読書の経験を積まなければならないと考えています。そうすれば、だんだん日本人の学者の表現方法とその理論や考えを表したり、並べたりする方法が分かるようになるかもしれません。そのためにもうすぐ中学の国語の教科書を読み始めるのを楽しみにしています。

第二の点は、日本人の学生同士が一緒に話し合っている時も、内容全部はまだよく分からないことです。日本語の会話を理解する能力を身に付けるために、三木ハイムへ引っ越しましたが、残念なことに、いつも自分の勉強に取り紛れてしまっていましたから、寮生とだべる（無駄話をする）機会はやはり少なかったです。ですから今流行っているスラングと若い人の好きな表現方法も私にとって時々分かりにくいものです。それを改良する方法は、やはり出来るだけたくさん日本人の学生としゃべることですが、そうすれば、自分の研究の時間の損になるかもしれません。三木ハイムの学生と話すのに、一番よい時間は夜中以降で、徹夜の話をすれば、昼間寝なければならないでしょうから、勉強と研究の時間はなくなってしまう危険があります。それを考えて、やっぱり少し早く寝た方が良いと思いましたから、寮生の話し相手にあまりなれませんでしたし、若い人の使う口語体はそんなに上手になりませんでした。

■ 1975 年 1 月 21 日

台湾に留学した時、諸橋轍次さんが一人で書いた『大漢和辞典』を手に取る機会がありました。日本語はまだ分かりませんでしたから、この辞典は当時の私にとってあまり役に立ちませんでした。でも、学者がそんなに大きな辞典を一人で著すことが出来たということについて、大変驚きました。それは並の学者には書けないほど偉大な著作だと思い、諸橋氏の生涯の事業としての作品であり、従ってそれを書いてから逝去なさるまでは、仕事をやめて休養をとらなければならなかっただろうと確信しました。

この間，鷺宮の本屋へ行った時，『中国古典名言事典』という大きな本を本棚で見つけました。どんな言葉でも形容することが出来ないほど驚いたことに，この三年前に初めて出版されて，もう第五版ぐらいにまでなった事典が，諸橋氏の書いたものであったのでした。こういう事典だけでも一般の学者にとってはすばらしい生涯の作品だろうと，それを少し読みながら，思いました。本の中の諸橋氏の履歴を見ると，1883年に生まれたということが書いてありました。
　諸橋さんのような方に対して，最大の敬意を表したいと感じます。出来るだけこのようなすばらしい日本人の学者と知り合いになりたいと希望しています。そして聞きたいことは，どんなふうにご研究なさり，そのようにたいへん苦しい研究をしたのに，どんなふうに古希以後までも健康を保ちながら，ずっと研究し続けることが出来たかということです。どのようにして諸橋さんに会えるかなと，今考えています。たぶん私自身が日本語で書いた手紙で希望を伝えるのが一番良い方法ではないかと思っています。

東京大学法学部の小旅行で

1974年の鷺宮駅。
三木ハイムが近くにある。

■ 1975年1月22日

　諸橋轍次先生，突然お便りをする失礼をお許しください。
　最初に自己紹介させていただきます。私は三十才のスイス人で，

フォン・センガーと申すものです。1969年にチューリッヒ大学で「伝統中国における売買契約」という題の学位論文で博士の資格を取って，二年間くらいチューリッヒ市の裁判所で働いて，弁護士の資格を取り，1971年から1973年まで台湾で中国語と中国法制史を勉強いたし，日本学術振興会の奨学金のおかげで，1973年10月から今年の10月まで東京大学法学部の外人研究員として，日本の学者の中国法制史に関する研究を勉強させていただいております。スイスで博士論文を書いた時も，台湾に留学した時も，先生のお書きになった偉大な『大漢和辞典』を使ったことがあり，日本で日本語で勉強し始めてから，この辞典で調べて，どんなにすばらしい著作かということを再認識いたしました。それは並の学者には書けないほど偉大な著作だと思い，諸橋先生の生涯の事業としての作品であり，従ってそれをお書きになってからは仕事をやめて，休養を取っていらっしゃるだろうとばかり思っておりました。

もしそういう問題について，一回だけでもいいですから先生に教えていただくことが出来れば，幸運の極みだと思っております。失礼をば顧みずお便りいたしましたが，ご連絡いただけますこと，楽しみに待っております。

敬具

951 3161
新宿区西落合1－5　（紳士録より）

　注：返事をいただきませんでした。残念なことに，先生とお会いすることもありませんでした。

■ 1975年1月27日

この間，東京コンパであって，私を参議院議員の井上氏に紹介してくださった本山健一さんは，先週の金曜日に又電話を掛けて下さって，土曜日の晩の約束をして下さいました。約束通りに本山さんと彼の二

人の友達とに会って，新宿の「かとれあ」という日本式の食堂ですき焼きを食べたり，ビールを飲んだりしながら，政治を始め，いろいろなことについて話し合って，赤坂見附の日本式の「俺のうち」という喫茶店へ行って，少しおしゃべりをして，11時ぐらいに良い友達になって別れました。

その時の話の一つの有意義な点は，本山さんが前から考え出していた問題解決方法というものでした。本山さんにこの方法を私の帳面に書き抜いてくれるようにお願いしました。その方法をよく理解できるように，この日記にコピーしようと思っております。

1) 問題の要点を数回［すうかい］すばやく思い返して，それらすべてを含む問題全体の形を頭の中ではっきりさせる。
2) 判断を一時［いちじ］停止する。
3) 問題の要素の配列を変えてみる。
4) どう考えてもうまく問題が解［と］けない場合には，頭を切り替えて［考えを変えて］，新しい面から問題を見直す。
5) 行［ゆ］き詰［つ］まったときには，一［ひと＝一時いちじ］休みする。
6) 問題を他人と論じ合っても，いつまでも一つの方向にとらわれない。一つの方向から他の方向へ活発に頭を切り替えて解答を見出［みい］だす。
7) 慎重に未来の何たるかを予測［よそく］し，安易［あんい］に解答を出さない。

■ 1975 年 1 月 28 日

仁井田先生の論文の翻訳の前書で，仁井田先生についてのいろいろなことを書こうと思っています。出来るだけ客観的に書きたいですから，仁井田先生の研究を批判する他の学者の論文と書評にも気をつけなければなりません。ですから，きのう滋賀先生にそれに関する資料について教えていただけるようにお願いして，先生のお書きなった

日の丸の中の白十字

「仁井田陞博士の『中国法制史研究』を読んで」という抜刷をいただきました。この論文の中にいくつか少し分かり難い所があり，それについて日本語の先生から教えていただきたいと思っています。次のような表現とか文章です。

  - 昨年初秋［しょしゅう］から冬休み［冬季休暇］にかけて少なからざる日数［にっすう］を費やす…
  - 猶予［ゆうよ＝少し待ってもらう］を乞［こ］う，助言［じょげん］を乞［こ］う
  - いままさに，植字［しょくじ］にまわされようとする原稿を取［と］り戻［もど］して，ここに事の由来を記す
    1）植字に回［まわ］す　　2）印刷に回す　　3）ゲラずりにする（Erstdruck）　　4）校正に回す　　5）本印刷［ほんいんさつ］（Enddruck）に回す
  - …あたかも［＝ちょうど］この方面の研究を一手に［als einzelner］引き受けたかのように［＝ so wie］，超人［ちょうじん］的ともいうべき旺盛な研究活動を通じて
  - …文字通り斯界［しかい］の第一人者［だいいちにんしゃ＝Führer］として世界にその名を知られた人であることについては，いまさら多言［たげん］するを要［よう］しないであろう
  - 以上のような成［な］り立［た］ちの本書に就いて，まずその論旨を紹介し，ついで批評を加えると言う形式の密度［みつど］の高い書評を書くことは，到底なしうることではない［kann ich ganz und gar nicht］。
  - 筆者［ひっしゃ＝著者ちょしゃ］もまた，かつて［嘗て＝ früher］…において…書評したことがある。
  - その間に新たに書［か］き下［くだ］された章［しょう］も少なからず［nicht wenig］挟まれており
  - 旧稿［きゅうこう］にもまた大［だい］なり小［しょう］なり［＝ある程度］改訂［かいてい］増補［ぞうほ］が加えられている。

- 本書の各章［かくしょう］相互間［そうごかん］の横［よこ］の関連よりも，各章と他著［たちょ］との縦［たて］の関連の方がはるかに緊密［きんみつ］であるような場合が少なくない。これらをすべて取［と］り上［あ］げようとすれば，著作［ちょさく］目録に若干の賛辞を加えるという形にならざるを得ないように思われる。
- やむを得ず［= es bleibt nichts anderes übrig］，書評として体裁［ていさい］の整［ととの］うことを意図せず［しない = nicht als Ziel haben］，ただ若干の読後感［どくごかん］を書きつづる［かいていく］ことによって責［せき］をふさぐ［Verantwortung erfüllen］こととしたい。
- それというのも［それの意味は］，著者の業績はほとんど前人未踏［ぜんじんみとう］の分野に突兀［とっこつ］として築［きず］かれたがために［aus diesem Grund］，如何ようにもせよ［sogar］それが存在すること自体が没［ぼっ］すべからざる価値であると言う性質を帯びており，したがってまたすでに，正当にも多くの賞賛［しょうさん］の言葉を受けて来たからである。たとえば絵画［かいが］も，光ばかりでは絵にならない。影をも克明［こくめい］に画いてこそ初めて物体［ぶったい］の美［び］が浮［う］かび上［あ］がるであろう。著者の業績についても，従来とかく指摘［してき］されることの少なかったその短所［たんしょ］をも忌憚［きたん］なく語［かた］り合［あ］う［= 話し合う］ことによって，初めてそれが超人的業績としてただ驚異［きょうい］の対象とされるに止まることなく，やはり一個の人間的業績として親しみをもって理解される道を開くことになるであろう。
- 誰しも［eher klassisch für だれでも］
- 令義解の完成により，諸家の私説が顧［かえり］みられなくなったのを概［がい］して，諸家の説を集大成したもので約20余種［しゅ］集められている。中に大宝令の注釈書たる古記や穴記…

等約 20 種の諸家の説を掲［かか］ぐる他
- 「お互いにまだどんな人であるかよく知っていないことと，完全な愛し方から見れば，まだ初歩の愛であることは認めておかなければなりません」（続く）

■ 1975 年 1 月 29 日

今，滋賀先生の論文を読み続けて，次の分かり難い所にぶつかりました。
- 分野の手広［てびろ］さ
- …めぼしい主題は手あたり次第に［= alles, was ihm unter die Hände kam］あらかた［= ほとんど］漏［も］れなく取り上げられた［= wurde aufgegriffen］観があり［= es scheint］，さらに…と言う…に就いても意欲［いよく］的な研究がなされ［= klassische Ausdrucksweise］ている。
- その仕事ぶり［= 仕方 = Stil］の旺盛さには誰しも感嘆おく能［あた］わざる［ず：kann nicht anders als ...］ものを覚えるであろう
- しかし他面に，法制史において当然取り上げられなければならない性質のものでありながら［あるのに］，著者にはその研究もまた関心も欠けていると評［ひょう］さねばならない［ひょうさなければならない］分野が存在する。
- それは，一言［ひとこと］でいえば，官僚制—中国をあれ［あんなに］程［ほど］にも顕著に特徴づける官僚制—の分析，またそのために不可欠な制度史的研究と言う分野である
- 好［この］むと好まざるとにかかわらず
- 無味乾燥［むみかんそう］な叙述［じょじゅつ］に終［お］わる恐［おそ］れもある
- その一たる［= 一人である，ひとつである］秦の始皇帝
- …を見極［みきわ］め［= bis zum letzten］ようとする
- 訴訟制度や法原論など，法の構造に関する側面の研究

- これもまた，本書において一般に官僚制度なる［＝その］ものの研究が欠けていることの必然な帰結に外ならない歴史を有［ゆう］しはする［＝所有する，もっている］
- 擬古的思潮の立場
- そもそも［an sich］無理でもあるわけである
- 私としては，いつ［どういう時］の文献に頼［たよ］ろうと［としても］，いわゆる契約説が成り立つか否かが大切な問題である。
- かような立場からなされる論議は，誤［あやま］りではないにしても［ないかもしれない］，史論としての空［むな］しさを如何［いかん］ともすることが出来ない
- 言葉の数節［すうせつ］
- 恩賞はあてにならないが［もらうかどうかわからない］，刑罰は間違いない。人民は首［くび］に縄［なわ］をつけて引っぱり出されかねない［かもしれない］。君主も駆［か］り立［た］てをうながすために，恩賞を与えることにうそはないと念をおしている［もう一度重ねて言う］
- 牧野［ぼくや］の戦
- ここでもまた，いつの文献に頼ろうとも，中国人の思想がギリシャ人の思想と同じでなかったということが大切な問題なのだ，と弁明する積［つも］りであるとするならば，また何をか言わんやである［何も言うことは出来ない］。
- …時間的に限りなく繰り広［ひろ］がり，果［は］ては歴史学の光の届［とど］かぬ［ない］過去の中に消えて行く
- 発展の相［＝形］を追及［ついきゅう］する
- しかしかような時代区分論をもって，…法制史上の諸多の分野を総合的にとらえることは，著者［ちょしゃ］の主観的意図はともかく，客観的には殆どなされていない
- 「A」と「B」とはどこがどう違うのかと言う具体的説明は何処［どこ］にも一言も与えられていない。
- …と言いながら歴史を一括して「古代」としてしまって事済［こ

日の丸の中の白十字

とす］むのかと言う，当然至極［しごく］に生ずる
- 史実の解明を伴［ともな］わずに史観ばかりが先走［さきばし］っているという印象を免［まぬが］れない。そもそも史観なるものは史実の解明のうちから巧［たく］まずしてにじみ出て来る［＝ずっと出て来る］ところに価値があるのであろうに
- ずっしりとした重さ
- …に追［お］い追［お］いに気がつく
- 書きためた
- 度［ど］を過［す］ごす
- 得［え］がたい或る特定の資料を中心として
- 主軸［しゅじく］とした理論めいた［のような］文章（続く）

■ 1975年2月3日

今，次の少し分かり難い所について教えていただきたいと思っています。

仁井田先生の論文：
- また新しい問題が突兀に出てきました。
  在京諸司田と外官の職分田を称するが，職分田との区別については，諸説あり，公廨田は諸司の経費として給され，それより個人の俸禄として給される性質を有す。

滋賀先生の論文：
- 発表を延ばすことは学問の世界においていわれなき躊躇［ちゅうちょ］である…
- 安静を要する病床［びょうしょう］の著者に呈する結果になろうとは，何としても忍［しの］び難く思われ…
- 機会にゆずり
- 本書は，著者が東京大学を定年退官せられるに際し
- …一九六四年四月，予定せられたまさしくその時期に全四冊の出版が完了した

- 余録［よろく］
- 不滅［ふめつ］の価値を物語る［＝示す］
- 筆者もまた，かつて同誌上において
- A，Bの諸章のうちには「しの研究」の続編［ぞくへん］ともいうべき…
- Aに与［あた］えられた言葉と対比して，Bに与えた言葉の数節を引用し…
- おまえたち［＝ Ihr］，おまえ［＝ Du］
- これを見れば，一君万民とは程遠［ほどとお］い歴史像が浮［う］かび上がって来る
- まして…なかった。
- 本書に欠けた部面があることはともかくとして…
- 問題のたて方のもとに順次に異なって
- いずれも同じような調子で文を構［かま］えているが［が＝ klassissche Ausdrucksweise］ために
- 論ぜられた事
- 当然のことながら［＝ だが］
- 本書のうちには「中国売買法の沿革」なる［という］一章があり，沿革と言う表題［ひょうだい］の言葉が与える印象とはやや［少し］異なって，Aの「…報告録」など慣行［かんこう］調査資料を多く活用して，取引慣行を叙述していることは，契約文書の研究によって満たされない面を補うものとして注目される［＝ es wird Aufmerksamkeit geschenkt］
- もちろん，右に資料の重み［＝ Wichtigkeit］といったのは，いわゆる法律文書についてだけのことではない。ここで，著者が若き日の精魂を傾けてかの「──」の本を……。（続く）

■1975年2月4日

日本語で読書するのは，私にとって，ずんずんむずかしくなり，今また以下の解明し難い所とぶつかりました。

滋賀先生の論文：
- にも拘わらず［trotz diesem］
- 著者の業績は…手にされる［手にする＝持つ］ことになった
- ことさらに［＝もっと］
- 学説に左袒［さたん］する
- 不可分干係［ふかぶんかんけい］
- 「A」「B」などと加［くわ］うる［うる＝klassische Ausdrucksweise］に本書四冊によって…この時点に至るまでの著者の本殆どすべて…
- 何をおいてもまず［＝vor allen anderen Dingen］慶賀の意を表したい
- と言う書評を書くことは到底なしうる［＝出来る］ことではない［とても出来ない］
- 極めて放胆［ほうたん＝waghalsig］な史論をも展開する

早稲田大学の中国法律専門家福島正夫教授による滋賀秀三教授の論文についての評価：
…とくに対A論争を詳説［しょうせつ］して，それは博士の「筆の運び方に篤実［とくじつ］さが欠け，一種の憤［いか］りにも似た気持ちに駆［か］られたため」としたのは，内容の当否［とうひ］は別として表現が感情的になりすぎる。さらに［＝Dazu kommt］その数年後，A教授がこれを引用し，大要［たいよう］次［つぎ］のように書いたのは，いかがなものであろうか［＝どうだろうか＝Was meinst Du (wobei ich es nicht gut finde)］。自分は従来しばしば自説を述べ，博士らの批判をうけたが，そのつど［＝時，いつも］応酬しなかったのは，読む人が読めば分かると思ったからである。博士は隷農とか契約とか不法行為とかで私の用法［ようほう］はちがっているといった。だが，それはA批評では博士の方がちがっているとの［という］ことで安心した。「長い間此方の無知［むち］に乗［じょう］じて法学博士という名の権威によって翻弄［ほんろう］され」た

気がする。

　博士は多数の論著［ろんちょ］で多くの人の論を批判したが，これらに対し論争の姿勢［しせい］を示した学者がない。ただ滋賀先生がはるかに後輩の身で敢然［かんぜん］と対抗したのは偉とするに足る。（続く）

　　　注：福島先生のこの考え方は，私の博士論文 "Chinesische Bodeninstitutionen im Taihô-Verwaltungskodex" の 353 ページ注 4 で引用しています。

■ 1975年2月5日

　今，また次の不明の所について教えていただきたいと思っています。

滋賀先生の論文：
- 漢籍の山に目を通す［＝通読］
- 課題の網［あみ］の目［め］にかかる資料
- ここで培われた文献渉猟［しょうりょう］の並［なみ］はずれた広さと飽くなき意欲，さらには［＝ darüber hinaus］かくておのずからに鍛［きた］えられてゆく［progressiv］一種の勘の鋭さとが，著者をして休みなく次々に大部な○を生み出さしめる原動力［げんどうりょく］となった。
- 主題の論理的内容は割り合いに単純［たんじゅん＝ einfach］である
- 集まる資料も型［かた］に嵌［は］まって［＝ in der Form des Stereotyps］割合に単調［＝ monoton］である
- 一種の執念［しゅうねん］のようなものが感ぜられる
- これまさしく［wirklich］，「　　　」と一脈［いちみゃく］通ずるところのある研究態度であり
- かくして得られた成果は，抽象的な言葉で結論すれば簡単なことになるかも知れないけれども，否，簡単であればこそ，具体的資料が数多［おお］く集められているということ自体が知識である

― しかも［= darüber hinaus］複雑な理論めいた［のような］ものを多く含まないだけに，覆［くつがえ］る恐れのない知識である
- 奔放［ほんぽう］な筆致［ひっち = Stil］で史論を展開する
- いずれも同じような調子で文を構えているが［„が" muss nicht stehen］為に
- その資料から引用しうる［= können］限り，また連想の及ぶ限り
- そう言う資料を及ぶ限り集める
- ここで当然，第一種の論文において紹介された資料が，第二種の論文に引用され，後者において論ぜられた事がらが前者において解説として再論される…
- 同じ資料なり［entweder］同じ一つの史実なり［oder］
- 何処か一箇処［いっかしょ］で資料も詳しく示して…
- 要旨を…予め冒頭に掲げてこれを序説とすると言う手法
- …実際［wirklich/abstrakt］上はそうも行かず，事実［wirklich/konkret］また「…」の序説など…
- 思いがする
- 恥［は］じらいを感ずる
- こうした読者は，前にもどこかで［irgendwo］，しかも再三［さいさん］ならず見たことを記憶［きおく］する文章や資料に絶えず出くわしながら本書を読み進む。
- 既述の事象を綜合的に見なおすことを通して［= durchführen］，次元の高い新たな問題へ［in Richtung auf］と発展するのならば
- 寄せ集め並べ
- 唐代を中心とする西域出土［しゅつど］文書の研究に加えて［zusätzlich zu］
- ここで著者が若き日の精魂を傾けてかの［= 彼の，あの］「　　」の偉業（完）

注:以上の困難なところを,先生と友人の援助のお陰で結局克服し,滋賀秀三先生の以上の論文の部分のドイツ語訳を,私の漢学の博士学位論文で発表しました。(Harro von Senger: "Chinesische Bodeninstitutionen im Taihô-Verwaltungskodex" ［大寶令における中国土地制度］, Otto Harrossowitz, Wiesbaden 1983, 333〜353 ページ)

■ 1975年2月17日

　私は所謂歌謡曲が初めはあまり好きではありませんでした。それは,曲が皆同じように聞こえる感じでしたから。

　三木ハイムへ引っ越して,日本人の学生と同じ部屋に一緒に暮らすようになりました。この学生は歌謡曲が大好きな人でしたから,部屋にいる時はよくそういう音楽を聞いていたので,私も仕方がないから聞かせてもらっていました。初めはやっぱり面白くない曲だと思っていましたが,だんだん慣れてきて好きになってしまいました。今は,同室者だけではなくて,私も歌謡曲のファンになりました。

　新年に,山口県にいる一人の友達の家へ行って,テレビでちょうど山口百恵が歌謡曲を歌うのを見られたことは,特によかったと思いました。

　でも,百恵さんよりも,森進一やアグネス・チャンや中沢あつこや赤い鳥というグループの方が好きです。これから彼らの曲の歌詞も少し分かるようになって楽しみたいと思っています。(続く)

　　注:この2月17日の日記と次の2月18日の日記は,一つの文章として,以下の作文集に発表されました。
　　『昭和四十九年度　拓殖大学語学研究所　研修生作文集』拓殖大学語学研究所日本語課教員スタッフ編集, 1975年3月20日, 47〜48 ページ

■ 1975年2月18日

　歌謡曲の美しさを初めて味わったのは,去年の春の或る日で,幾人かの寮生と一緒に子供の国へハイキングに行き,寮生と彼等が連れて

きた外の寮の女子学生が，いろいろな歌謡曲を聞かせてくれたからでした。前にはいつも歌謡曲は少しうるさいと感じましたが，その日には，皆が小さい静かな声で歌っていましたから，メロディーをよく聞くことが出来て，突然大変可愛いなと思うようになりました。

その後で，一番初めに注意して聞いた歌手は森進一でした。彼が歌った「冬の旅」ととりわけ「襟裳岬」を何回も同室者に聞かせてもらいましたが，聞けば聞くほどますます好きになってしまいました。森進一が大晦日の夜にNHKの歌謡大賞を貰ったのを広島でちょうど見て，大変よかったと思いました。その前，母親にクリスマスプレゼントとして一つのカセットテープを送りましたが，そのテープの中に録音したいくつかの歌謡曲のうちに，森進一の襟裳岬を始めの所に録音してあげました。

以上のことから，初めて少し研究しようと思った歌詞として，この歌の歌詞を選択しようと思っています。（続く）

■ 1975年2月19日

上記の「襟裳岬」をいろいろな機会に聞いて楽しみましたが，毎度「なにもない春ううです」のうう以外の文句はよく分かりませんでした。今回それをここに書き抜いて，それについて説明していただきたいと思い奉ります。

北の町ではもう
悲しみを暖炉で，燃やし始めてるらしい。
訳のわからないことで，
悩んでいるうち，おいぼれてしまうから。
黙り通した年月を，拾い集めて暖め合おう。
襟裳の春は，何もない春です。

君は二杯目だよね。
コーヒーカップに角砂糖を一つだったね。
捨ててきてしまった，

わずらわしさだけを，くるくるかき回して
通り過ぎた夏のにおい，思い出して懐かしいね。
襟裳の春は，何もない春です。

日々の暮らしはいやでも
やって来るけれど，静かに笑ってしまおう。
いじけることだけが，
生きることだけと，飼いならし過ぎたので，
身構えながら話すなんて，アー臆病な人だよね。
襟裳の春は，何もない春です。
寒い友達が，訪ねてきたよ。
遠慮はいらないから，暖まってゆきなよ。（続く）

■ 1975年2月25日

友達に宛てた手紙

　前略，お手紙どうも有難うございました。母は大体三月二十日頃から四月十日頃まで日本にいる予定です。私は，その第一週目ぐらいは東京の中を，その後の一週間ぐらいは京都と奈良を案内しようと思っております。東京にいる間に，是非一度山口さんと村上さんを母に紹介させていただくつもりです。そのための一番良い方法として，私と母がいるホテルで，一緒に昼ご飯か晩の食事をしたいと思っています。東京で案内しようと思っている場所は一杯ありますから，お宅へ行く暇がないだろうと思っております。もし山口さんにご旅行の予定があれば，どうぞ予定通りになさって下さい。そうすると京都から東京へ帰ってから，山口さんにご連絡しようと考えております。

　それ以外に，次のようなお願いがあります。もうすぐ仁井田先生の論文の翻訳を完了することが出来ます。たぶん来週か再来週ごろだと思います。勿論帰国する前に，滋賀先生の『中国家族法の原理』という本の一部分を訳そうと思っております。訳そうと

思っている部分は，訳す前に学生の誰かと一緒に読み，言語的に分かり難い所だけについては教えてもらいたいと思っております。そういう仕事は，アルバイトとしてやってもらってもいいです。一時間千円ぐらいでいかがでしょうか。

　三月二十日頃，西片にある新しい下宿へ引っ越す予定で，毎日東京大学で勉強しようと思っています。ですから，学生と読むのに，毎日朝から晩まで都合がいいです。出来るだけ毎週十時間ぐらい学生と読もうと思います。ですから，二人か三人かの学生と一緒にやる可能性もあります（例えば，学生Aは月曜朝八時から十時まで暇あり，学生Bは火曜と水曜の十時から十二時まで暇あり，学生Cは木曜と金曜十二時から一時まで暇あり，など）。場所は，東京大学法学部研究室です。興味をもっているなら，私と読む前に準備をする必要はありません。言語的な説明ばかりで，専門用語は先生から教えていただけますから。

　もし山口さんがそういう東大法学部の学生で，出来るだけ法制史に対して少しでも興味を持っている人をご存知ならば，ご紹介下さい。どうぞよろしくお願いいたします。

　お母さんをはじめ，皆さんによろしくお伝え下さい。

敬具

昭和50年2月25日

ハロ・フォン・センガー

山口さん

ある学者に書いた手紙

　ご存知のように，小生はスイス国より来日した者で，日本で中国法制史に関する諸問題についての知識を高めるために，色々な点からの追究をしております。

　中国法制史という分野の中で，日本人の学者は世界的に先達と

して認められているので，あつかましいのですが，日本にいる間に，その方々に小生が知りたい研究の内容と方法に関する諸問題について伺いたいと希望いたしております。10月頃迄日本にいる予定ですが，その間先生は一度ご上京なさるご予定がありませんか。その時，二〜三時間教えていただきたいと思いますが，可能でしょうか。東京へ来るご予定がないのでしたら，一度先生の所へ伺い，そちらで先生にお教えいただきたいと思っております。その場合は，七月末からでしたらいつでも結構です。先生のご都合のよい時間を教えてくだされば，早く予定を立てられて幸せです。ご一報を楽しみにして待っております。

　嶋田さん，お元気ですか。
　12月26日は訪ねて来てくれて，どうもありがとう。大変嬉しかったです。笛で天使のような音楽を聞かせてもらって，今もなおお思い出して味わっています。
　来月20日頃，母が日本へ来る予定なので，私は4月の1日から7日くらいまで，母と一緒に京都へ行きたいと思っています。その時，嶋田さんは京都にいますか？　いらっしゃれば，是非母にご紹介し，一番きれいな所へ連れて行ってもらいたいと希望しています。少し虫がよすぎますか？
　私は3月20日頃新しい下宿へ引っ越すつもりです。その住所は……です。けれども，3月20日までに，今の住所に手紙を下さい。
　今日は少し暖かくなりましたが，冬の北風小僧が又［また］やって来るかも知れないですから，お体に気をつけて下さい。

■ 1975年2月26日

　紅白歌合戦を見たとき，特に一人の少し太っている歌手に気がつきました。それは，小坂明子でした。友達は，彼女は音楽大学の学生で，

日の丸の中の白十字

今テレビで歌っている曲を全部趣味として作り，それが大変人気になるのを全然予想しなかったと言っていました。この歌も，ずっと前から同室者から聞かせてもらい，いつもほほえましく感じました。ですから今日，この歌について教えていただきたいと思っています。

　もしも私が家を建てたなら
　小さな家を建てたでしょう。
　大きな窓と小さなドアと
　部屋には古い暖炉があるのよ。
　真っ赤なバラと白いパンジー
　子犬の横にはあなた，あなた
　あなたがいてほしい。
　それが私の夢だったのよ。
　いとしいあなたはいまどこに。

　ブルーのじゅうたん敷きつめて
　楽しく笑って暮らすのよ。
　家の外では坊やが遊び
　坊やの横にはあなた，あなた，
　あなたがいてほしい。
　それが二人の望みだったのよ。
　いとしいあなたはいまどこに。
　そして私はレースを編むのよ。
　私の横には，私の横には
　あなた，あなた，あなたがいてほしい。

　　注：1979年2月1日夜19時30分から20時30分まで，ドイツ語のスイスラジオ（Radio DRS I）で私の作った日本の歌謡曲についての「東京ヒットパレード（Tokyoter Hitparade）」が放送されました。

■ 1975年3月3日

　新しい帳面に書き始めているから、緑色のボールペンで書きます。ヨーロッパでは、緑色は希望の色として認められているので、この帳面にこの緑色で書き終わる頃にはもっともっと上手になりたいという希望を表しているつもりです。

　今は、まだ本当に上達したとは言えません。例えば、私の小さな帳面に毎日たくさんの言葉を書き抜きましたが、それを全部はまだ覚えていません。残念なことに、復習する時間も少ないです。けれども、仁井田先生の論文の翻訳をし終えてから、出来るだけこの小さな帳面だけではなく、小学校の第一巻から第十二巻までの教科書と、日本語の講義を受けた時書いた大きな帳面の内容も、「温故知新」の言葉のように復習しながら勉強したいと思っています。

■ 1975年3月4日

　日本語の言葉を覚える際に、時々言葉だけでなく、どんな状況の時にだれから教えていただいたかということも含めて心に残ります。先生からあまりにたくさんの言葉を教えられましたから、このような特別な状態の覚え方は比較的少ないですが、特に面白い言葉を少しだけ教えてくださった人の場合には、このように総合的な覚え方をすると、後にその言葉を使う時には必ずその場面を思い出します。

　例えば、早瀬さんから「資源」、「おなかがすいています」、「なるほど」などの表現を教えていただいたことも、どんな時に教えていただいたか、いつまでも懐かしく覚えているでしょう。

　そのほか、「こん畜生」、「惜しい」、「いんちき」などの言葉をだれからどこで教えてもらったかは、忘れられません。それは一人の藤野［ふじの］という寮生から、卓球をする時に習った単語です。「ずらかる」という語彙も彼から受け継ぎました。場面は、去年の三木ハイムの庭で、一年生が草取りをした時、おこりっぽい寮長先生が突然怒り出して、窓から何か大きい声でどなったら、藤野［ふじの］君が私に

「そういう場合には,ずらかるのが一番良いのだ」と言いやがった。ですから,「ずらかる」という言葉もいつまでも懐かしく覚えているでしょう。事ある毎にそれを思い出して,うまくずらかることでしょう。

■ **1975 年 3 月 5 日**

特に残念だと思っていることは,あのポケットの帳面に毎日書きこんだ語彙の大部分を書き抜くやいなや忘れてしまうということです。それ以外に復習する時に書いた言葉がまちがっているかどうか,正しくなく書いた時の本当の意味を正しく使えるかどうか,心配します。

例えば「肩がこらない」と一巻の帳面に書いてあります。場面をまだ覚えています。それは,一人の寮生に「どうして漫画が好きですか。」と聞いた時の答えでした。今は,この言い回しがたしかかどうか,よくわかりません。それはこの表現を,その後まだ聞いたことがないからです。

ほかに,去年の七月に帳面に書いてあるが疑わしい語彙は「さぞかし」,「ぶきみ」,「ずばずば」(自分の意見をはっきり言うことか),「ちっともわからない」(少しもという意味か),「めき」,「勝負なし」,「あなたは自分でやりたいのに私に押しつけている」,「秘密があかされちゃった」,「ふるめかしい」,「几帳面」,「生息する」,「ちゃんばら」などの言葉です。

今日又[また]滋賀先生の書いた,仁井田先生の本についての書評を読んで,次のような問題が出てきました。

右に,資料への密着性とか資料の重みとか述べたことは,集められた資料一つ一つの読み方が正確であり,それらを総合して何らかの普遍命題を導き出す論理過程が堅実である,と言う意味に解されては困ることを,特に断っておかなければならない。

これは戦争も終わり近くに書かれた文章である。

著者は俄かに中国……堂の立場にたった階級闘争史観を採り……こ

の史観は……突如として横ざまに入り来たって著者を支配してしまう。

 99 －著者の言葉に違和感を感じて
   －多少ともデリケートなこと
 113 －さがしあさる

■ 1975年3月6日

グラノーラの物語（五）

今，私のいとしい友人芳子様からカードと手紙をいただきました。カードの前に"Félicitations sur votre Anniversaire",その中に"Mon Chéri, Harro, Félicitations, Que Dieu vous bénisse!"と書いてありました。手紙の内容は次のようです。

> お誕生日おめでとうございます。
>
> カードやっと間に合いました。花は赤いのにしたかったのですが，手もとにありませんでしたので，白にしました。これは「かすみ草」という小さな花です。花ことばは関係ありませんから考えないでください。でも，男の人には花より飛行機の方がよかったかも知れませんね。
>
> この前は，あなたのくつの夢を見ました。今度はまた別なのでしたが，やっぱり大きかったです。グラノーラはまだはいっていないようです。泣かないで。
>
> きょうはハロの写真を何度も見ました。金曜日には本物のあなたに会えます。でも，こんなふうにしていつも待っていると，10月がすぐに来てしまいそうです。（グラノーラの物語完）

■ 1975年3月10日

大変楽しい土曜日を過ごさせてもらいました。

朝八時半，広島の友達に品川の駅で会って，一緒に金沢文庫へ行きました。翻訳した仁井田先生の論文で，「令集解」の金沢文庫本とい

う言葉が出て来て、その意味を広辞苑で調べて分かりました。その時からこの場所の本物を見るのをいつも楽しみにして待っていました。

天気は大変いいですし、昔の称名寺の所で梅の花が満開で、桜の花も少しですが美しく咲いていました。博物館を参観した後、六国峠のハイキング道を歩いて、小鳥のさえずりを聞き、ほかの人の少ししか歩いていないきれいな景色を楽しんで、とっても有意義な話をいろいろして（例えば日本語と今の日本の教育制度について）、やっと鎌倉に着きました。瑞泉寺の梅の花は本当にメルヘンのように優雅に咲いていました。

鎌倉宮と建長寺へ行って、横浜の中華街の同發という食堂で、ほかの食堂より少し高いけれども食べて、満足して一日を過ごして帰りました。

■ 1975年3月11日

もし私が詩人であったならば、東京の改札の駅員について、一編の詩を書くでしょう。この人の仕事は大変特殊なものと思っています。何千人、否、何万人が毎日通る所に座って、通り過ぎる人のチケットを扱いながら、何を考えているのでしょうか。人の顔と様子とをよく見る時間もなく、チケットばかり観察して、冬も、春も、夏も、秋も、パンチという機械で小さな紙吹雪を散らせていることを自覚しているのでしょうか。そんなにたくさん通過している各種の人間について、いろいろな連想をする可能性が原則としてあると思いますけれど、他面から見れば、人数が多すぎますから、客一人一人のことを考えるのは難しいでしょう。だから、頭をあまり使わないので、手だけで自動的に力を入れてパンチを開いたり閉じたりすることになるのでしょう。だからこの人を見ると、時々少しさびしい気持ちを感じざるを得ません。そして息をするロボットのようなでかわいそうだと思います。

■ 1975年3月12日

　今，東大法学部庶務掛から，昭和50年度教官用閲覧個室の使用申込書をもらいました。その中の注意書の「3『備考』」の欄には，「特に使用を必要とする場合，その事情をお書きください。」と書いてありました。

　実際に，今年の二月まで大変いい研究室を持っていましたが，入学試験の前また返さなければなりませんでした。既に私の本が一杯置いてありましたから，その代わりに一応ほかの部屋をもらいましたが，このもらった新しい部屋は，大きい部屋の中央に造った部屋の一つで，そのために窓のないものですから大変暗いです。昼間も電気をつけなければなりませんし，空気もあまりよくないような気がします。

　比較的遠い所に住んでいましたから，今までの研究室はあまり利用しませんでしたが，今度引越した後は近くなりますから，毎日研究室で勉強に明け暮れる予定です。そのためには，やはり前の大変明るい研究室を回復することが出来たら幸せだと思っています。そういう事情と希望とをどんなふうにその欄に書けばいいでしょうか。

　ここで下書きを書き，それについて恩師から教えていただきたいと考えています。

　「できるならば，二月まで使わせていただいていた部屋をまた続けて割り当てていただきたいと思っています。理由書を添付します。」

　「ご存じのように，今年二月までいただいていた研究室は大変よいものでしたが，残念なことに私は比較的遠い所に住んでいたので，使うことが出来たのは思ったより少ない日数でした。これではよくないし，もったいないし，希望に反することだと思ったので，今年の三月末文京区の西片にある三畳の部屋へ引越す予定で，その時から今年の十月まで毎日研究室を利用するつもりでおります。それで，できるだけ前の大変いい研究室をもう一度利用させていただければと思い，お願いする次第です。どうぞよろしくお願いします。」

日の丸の中の白十字

■ 1975年3月17日

　先週，日本学友会の台北支部で私が知っている友達が電話を掛けてきて，私にNHKの教育テレビに出てほしいと言ってきました。私に出てほしい放送は，日本人の国際感覚についての放送だそうです。

　今日NHKの平松さんから電話で，私に明日の午後2時に東京の基督教女子青年会館［YWCA］（御茶の水）に来るように希望されました。放送に関する問題は，外人として日本人と付き合った経験による，日本人と外国との関係についての私の印象ということです。

　今この問題について考えているところです。あまり難しく考え過ぎないで下さいと，平松さんはおっしゃいました。

　一つの印象とは，次のようなことです。

　日本は世界中で一番国際的な国だと思っています。同時に，中国と西洋の文化を受け継いだ国として，日本は唯一の国だと思っています。

　一つの少し変な印象としては，人も，子供も，知識のない人も，いつも私を見るやいなや「アメリカ人」と思っているらしいということです。それは日本人だけのくせではありません。台湾での経験も同じでした。でも，台湾人よりも日本人の方が外国に旅行する機会を持つことが簡単です。だから日本に来ている白人全部が全部アメリカ人ばかりではないということがわかるはずです。ですからどうして「あなたはアメリカ人ですか。」と尋ねるのか，私にはわかりません。

■ 1975年3月18日

石井良助先生
前略
　やっと前に申し上げた仁井田先生の論文のドイツ語への翻訳が出来あがりました。大変詳しくしようと思ったから，思ったより長い時間がかかりました。石井先生の「日本法制概要」はすこぶるいい助けをもたらしてくださって，どうしてこんなに非常に有

135

益な，内容的にも言語的にも理想的な本がまだ西洋の言葉に訳されていないのか，不思議だと思いました。

　同封いたしました訳のまちがっている点について教えていただきたく，どうぞよろしくお願いいたします。

草々

■ 1975 年 3 月 22 日

今日，三木ハイムから東大の近くのねこの額みたいな小さな部屋に引越しました。新しい住所は次のようです。

```
c/o Hirokawa              〒103　東京都文京区西片 2-15-8
2-15-8 Nishikata,                広川　様方
Bunkyo-ku, Tokyo 103
```

三木ハイムを出る前に，寮生が私に一つの感謝状をくださいました。寮生は私のことを「本陣屋（フォンしんや＝VON SENGER）」とよびました。「春夫（はるお＝HARRO）」という名前は，たぶんこの文書の上だけで使われていました。

三木ハイムの寮生
（前列右から 3 番目は田渕文男神父様）

母と一緒に
（1975 年 4 月 9 日，よよぎ公園，東京）

日の丸の中の白十字

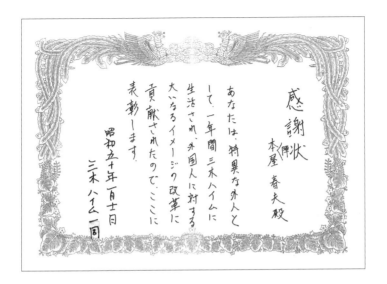

感謝状

本屋 春夫殿

あなたは、特異な外人として、一年間三木ハイムに生活され、外国人に対する大いなるイメージの改革に貢献されたので、ここに表彰します。

昭和五十年一月十一日
三木ハイム一同

■ 1975年4月17日

　3月の23日から昨日まで母が私と一緒に日本で嬉しい日を過ごしました。
　まず、2年ぶりに母に会って話すことができて楽しかったです。それ以外に、母をここでいろいろなきれいな所へ案内することが出来たのも幸せでした。今日の午後早く、母はもうドイツへ帰り着いたでしょう。母と私にとって、普通の生活がまた始まります。でも、二人とも今また共同の新しく嬉しい体験を一杯したから、いつも何かの時に楽しい思い出が浮かんでくるでしょう。
　今これから日本にいる時間は、私にとって6ヶ月だけになってしまいました。大変少ないと思っています。短い間にどんなふうに一番良い結果をもたらすことが出来るかが、私の今の問題です。一番重要なこととして、日本語を勉強し続ける以外に、楊鴻烈の本の翻訳をし終えることも考えています。そして、滋賀先生の中国法制史の講義のド

イツ語訳も近いうちにしようと思っています。また，スイスの一番有名な新聞のために，一つか二つの日本か中国の法制史に関する記事を書きたいと決心しました。それ以外にもっとたくさんの計画があります。それぞれを果たすことが出来るかなあと心配しています。

■ 1975年4月22日

美代子さん
　ご無沙汰いたしまして，申し訳ありません。三月末まで仁井田先生の一つの論文のドイツ語への翻訳に取り紛れてしまいました。なりふりかまわずに勉強と研究の仕事に従事いたしました。この論文がやっと出来あがりましたが，今ではあと日本にいる時間がたいへん短くなってしまいました。最後の半年の間に出来るだけたくさんの良い結果をもたらすために，三月に東大のすぐ傍へ引越しました。新しい住所は次のようです。
東京都文京区西片二丁目十五番八号　広川方
でも，電話がありません。連絡先は，
113 東京都文京区本郷1の3の1
東大法学部研究室内　電話　812　2111　内線 7677, 7678
今の部屋は三畳のものですので，この体でいつも大変小さくなっていなければならなくなりました。もし，美代子さんが東大の方向へ来られる時は，どうぞ前以てご連絡下さい。また会うのを楽しみにして待っていますから。

　　　　　　　　　　　　頓首　　　ハロ・フォン・センガー

早瀬雅啓様
　お元気ですか。
　四月十六日，母が帰国しました。帰る時には，早瀬さんからいただいた贈り物をたくさん持って行きました。誠にありがとうございました。

日の丸の中の白十字

　早瀬さんに名古屋の駅で会うことが出来たことは，母と私にとって大変幸せでした。お忙しいところ特別に来てくださって，どうもありがとうございました。会う時間がすずめの涙だけでしたが，やはり友情の良い印でした。
　このあとまた東京へ来られる時は，どうぞご連絡下さい。また是非お会いいたしましょう。
　御両親，お兄さん御夫妻によろしくお伝えください。
　　　　頓首　　　ハロ・フォン・センガー

昭和50年4月21日

仁井田先生の奥様
　お元気ですか。
　まず，自己紹介させていただきます。
　小生はスイスから来日した者で，フォン・センガー（von Senger）と申します。1969年に「伝統中国売買契約研究」という博士論文を書いて，チューリヒ大学の法学部を修了いたしました。論文を書く時，故仁井田先生が有名な方であり，たくさんの著書があるということを知り，その一部を読みました。二年間チューリヒ裁判所で働いて，弁護士の資格を取りました。
　1973年，日本学術振興会の奨学金を得て日本へ来て，今年の十月まで東大で勉強させていただいています。専門は中国法制史ですから，日本にいる間に必ず仁井田先生の偉大な研究成果を理解するようになろうと思って，仁井田先生の処女論文「日本律令の土地私有制並びに唐制との比較——日本大宝令の復旧」を，500以上の注訳を付けながらドイツ語へ翻訳いたしました（タイプライター書きで350ページ以上です）。出版する具体的な予定はまだありません。
　1973年，日本学術振興会の奨学金を得て日本へ来て，今年の

十月まで東大で勉強させていただいています。専門は中国法制史ですから，日本にいる間に必ず仁井田先生の偉大な研究成果を理解するようになろうと思って，仁井田先生の処女論文「日本律令の土地私有制並びに唐制との比較－日本大宝令の復旧」を，500以上の注釈を付けながらドイツ語へ翻訳いたしました（タイプライター書きで350ページ以上です）。出版する具体的な予定はまだありません。

　今度の6月22日は，仁井田先生の御逝去十回忌ですから，その機会にスイスのNEUE ZÜRCHER ZEITUNG（新チューリヒ新聞）のために，一つ追悼記事を書こうと思っております。もし小生がそのために一度奥様とお会いしてお話しすることが出来たら，大変幸せだと考えております。仁井田先生のご略歴及びご学歴や，外国人の学者の仁井田先生に対する印象や，彼等に対する先生の影響等に関して知りたいためです。残念ながら，小生は先生にお目にかかれず，御著書の上から想像するだけなので，もっと知りたく思い，このようなお願いをする次第です。どうぞよろしくお願いいたします。

匆匆頓首

島田さん

　お元気ですか。

　四月十六日に，母はもうヨーロッパへ帰りました。残念なことに，京都へ行った時に，島田さんと会えませんでした。島田さんに前以て詳しくいつからいつまで京都にいる予定かを知らせた方がよかったですが，その時に京都に到着してから連絡すれば良いと思って，着いてから島田さんの京都の下宿と大阪のお宅に電話を掛けて，両方とも成功しませんでした。大変残念でした。でも，自分で母に南禅寺と銀閣寺と都おどりなどの所を案内しました。母のいい思い出になったと思います。

残念な気持ちを表すために，小さなスイスのおみやげを同封します。大切にしてください。

　　　　　　　　　　　　　　　　　　　　　　　　　　　敬具

大沢雅彦様御夫妻

　お揃いでお元気ですか。

　この間のお手紙とおとといのご伝言を，どうもありがとうございました。

　私は四月から西片にある三畳の部屋に引越しました。東大のすぐそばですから，大変便利です。これから時に大沢さんと会って，一緒にお食事でもしようと思っていたのに，大沢さんが四月一日から東京農工大学で勤め始められたので，かえって会い難くなってしまいました。大変残念なことだと思っております。

　十月頃まで東京にいる予定です。その間にもう一度お目にかかることが出来れば幸せです。

　新しい仕事で成功されますように。奥さんと息子さんにもよろしくお伝え下さい。

　　　　　　　　　　　　　　　　　　　　　　　　　　　敬具

昭和50年4月23日

　　　　　　　　　　　　　　　　　　　　ハロ・フォン・センガー

大沢雅彦様
　　　侍史

東京大学本郷キャンパスで友人の山崎博さんと一緒に

■ 1975年4月24日

　私が日本にいる時間をどんなふうに一番よく利用できるかを、このごろつくづく考えています。そうすると、色々な状況に注意しなければなりません。例えば、私の専門は中国法制史ですが、少し物足りない感じが時々強くします。去年の夏、ドイツの大学のドイツ法制史の先生が書いたように、中国法制史だけの専門家としてではヨーロッパの大学に教員として入り難いかもしれません。先生は、もっと幅の広い分野に通じるようになった方がいいと忠告して下さいました。

　私は、今から六ヵ月の間、どうしたら一番良いかということを考えながら、このことをまた思い出しました。分野を広げるためにあてはまると思う一つの手段は、日本法制史も概括的に私の専門に取り入れるというやり方です。概括的にというのは、日本法制史の総括または概要を一つの私の科目として選ぶという意味です。要するに、日本法制史に関する一般の知識を西洋人に紹介するということです。例えば、恩師石井良助先生の「日本法制史概要」の中に書いてある知識は、西洋人にとってかなり新しい知識だと思います。だから、この本をよく読めば、一方で自分の分野を広げることが出来るかもしれないし、日本に対してのヨーロッパの理解も深めることが出来るかもしれません。

　でも、中国法制史の専門家になるだけでもすごく難しいです。中国語を勉強する上で、四千年の悠久の法制史をなんとなくでもわかるよ

うにならなければならない。そういう希望を少なくともヨーロッパの人達は中国法制史の専門家に対して持っているようです。

ですから、中国法制史のための私の予定も一杯です。今、楊鴻烈の「中国法律思想史」の最後の四十ページの翻訳をしているところで、それ以外、滋賀先生の「中国家族法の原理」という本を一人の東洋史を研究している日本人の学生と一緒に読み、翻訳を録音してドイツの親父の秘書に送っています。

それ以外、滋賀先生の中国法制史の全体についての講義の、三上さんから教えてもらったノートの翻訳も録音して送っています。

だから、分野を広げる余暇がほとんどないです。それを考えると、先生と一緒に読む教科書として石井先生の本を使ったらどうでしょうかということを今一生懸命考えています。如何でしょうか。

前略

母は、十六日に帰りました。一度村井さん（勿論彼女と一緒に）と原田さんにご馳走することが出来たということで、大変嬉しく思っています。その時撮った写真はあまりよくできていないけれども、それを見ながら楽しんで下さい。

残念なことに、土居さんと会えなかったけれども、仕方がなかったです。彼の連絡先は不便過ぎました。

一つの濃紺のシャツが引越ししたあとなかなか見つけられないので、もう一度前の部屋の棚の中をさがすようにお願いします。そこで見つけられない場合には、私がいつも行っていた洗濯屋さんの店へ（三木ハイムのすぐそば、下に書いた地図を見て下さい）聞きに行ってみて下さい。（受け取りがないけれども、たぶんあの店の人が三月の十日と十八日の間の伝票で調べればすぐ分かるでしょう。）

おじゃまして、どうもすみませんでした。皆さんによろしくお伝え下さい。

草々

写真と『歌謡曲の物語』とを同封して送ります。

注：この日記の原本には，洗濯屋さんの地図と，シャツの形の絵が書いてあります。

国際キリスト教大学の学生との遠足（真ん中は友人の浅野芳子さん，左は台湾人の東大法学部留学生）

友人の浅野芳子さんと一緒に（1975年4月29日）

■ 1975年5月1日

　昨日，友達と会って，又色々新しい単語とぶつかって，ノートに若干新しい言葉を書き込みました。今日このノートを又見ていた時，色々疑わしくてよくわからない所を見つけて，それについて教えていただきたいと思っています。

- 天邪鬼［あまのじゃく = trotziger Kerl, Querulant］
- 法螺［ほら］を吹く［= „die Muschel blasen" = übertreiben］
- 大風呂敷［おおぶろしき］を広げる［übertreiben］
- 後藤新平［ごとうしんぺい］［berühmter Politiker, baute Bahnhof von Tokyo; damals wurde ihm vorgeworfen, er habe ein zu grosses Bauwerk erstellt］
- ちゃんぽん
- 千鳥［ちどり］足（よろよろ歩き？）
- 口調［くちょう］がいい［聞きやすい = wohlklingend］
- 白い目で見る［missbilligend anblicken］
- 屏風［びょうぶ］

- 如実［にょじつ = klar］
- あからさまに
- アメリカの傘の下［もと］で
- こそばゆい
- なしくずしに［allmählich］否定する
- 虫酸［むしず］がはしる［angeekelt sein］
- 一目惚［ひとめぼ］れ［Liebe auf den ersten Blick］
- どろどろとした［in einer komplizierten/trüben Situation］
- 堕落［だらく］する［＝だめになる］
- しっくり［＝ぴったり］
- うるおい ⇔ かさかさ
- きずな
- 品行方正［ひんこうほうせい］
- いやみ
- 姫紫苑［ひめじょおん］みたい
- 紫苑［しおん，alte japanische Blume / Aster?］
- 一事［いちじ］が万事［ばんじ］
- へつらう［ごきげんをとる = schmeicheln, komplimente sagen］
- ごきげんをとる［いい気持ちにさせる = in gute Laune versetzen］
- 本領［ほんりょう］を発揮［はっき］する［das wahle Gesicht zeigen］
- うちひしがれる［enttäuscht sein］
- 頭があがらない［負［ま］けた形］
- がっぽり［viel］
- でれとする
- さもあらんでしょうね［たぶんそうでしょう］
- さもあらむ→さもありなん
- あらぬことをくちばしる［Lügen sagen; Dinge, die sich ausschliessen, sagen］
- 流暢［りゅうちょう］

- おちてる [Da hat jemand etwas verloren.]
- 覚悟［かくご］する [eine Entscheidung treffen]
- ひき上［あ］げませよ [lasst uns heimkehren]
- ぎゅうぎゅといわせる [jmd. anfeuern]
- 夷［えびす = Barbar]
- いんちきの薬［やく］[seltsame „Medizin"]
- 毬栗［いがぐり→ Stachelfrucht] 頭 [Bürschenschnitt]

仁井田さん

お元気ですか。

　先週の土曜日にお宅に伺わせていただき，いろいろ故仁井田先生に関することを大変親切に教えていただき，その上たくさんのとても貴重な，そしてちょうど自分で今から読んでみたいと思っていた先生のお書きになった本を贈っていただいたことに対して，本当にどんなふうにお礼を申し上げればいいか分からないほどです。仁井田さんにご恩を返すための一番良い方法は，今から先生の本をよく読んで，先生がおもちだったような知識を目指すことだと思います。いただいた本を読めば，先生の学問がもっと分かるようになるでしょうし，先生について有意義な記事を書けるようになるでしょう。もしそのあとまた何かの問題があれば，もう一度仁井田さんにお伺いさせていただきたいと思っております。

　どうもありがとうございました。

敬具

拝啓

　まず，自己紹介をさせていただきたいと存じます。瑞西［今日：スイス］から来日いたした者で，フォン・センガーと申します。日本学術振興会の奨学金のお陰で，二年間東大法学部外人研究員として勉強させていただいております。

先生に伺いたいと思っております理由は，私の一人の友達が私に唐代の中国の音楽について次のようなことを調べてほしいと言ったからです：
—
—
こういうような問題に一番通じていらっしゃる学者はどなたでしょうか。私をご指導くださっている滋賀先生が，先生のお名前を教えてくださいました。ご迷惑をかけて申し訳ありませんが，どうぞよろしくお願い申し上げます。

匆匆頓首

■ 1975年5月14日

　この間，又一巻の虎の巻のようにしている単語帳に書いた言葉を復習していると，いくつかの隠語のような不思議で意味があまりよく分からないものにぶつかってしまいました。それについて厚かましく先生に伺いたいと思っております。
- 恋［こい］に上下［じょうげ］の隔［へだ］てはない
- それだけに
- だらだらと遊ぶ
- ざくざくと音を立てて歩く。大判小判がざくざくと出てくる。
- どけち［äusserst geizig］
- 着陸［ちゃくりく］
- ずれ［Kluft］
- くよくよする
- ききまわる
- ぼる店［みせ］［Laden, der ungerechtfertigten Gewinn abwirft］
- 雇用者［こようしゃ］［Angestellter］
- 牛若丸［うしわかまる］［Name einer braven, vom älteren Bruder beneideten Person der Kamakura-Zeit; Populäre Figur in vielen

Volksdramen]
- おこも（御薦）さん
- まるまる
- 白昼夢［はくちゅうむ］
- 青田買い［あおたがい］
- 見合［みあ］って見合って
- ぎっくりごし
- はかどる［schnelle Fortschnitte machen］
- まえざし（前挿）［Frauenhaar vorne aufstechen］
- 無粋［ぶすい］
- すやすやと寝る［gesund schlafen］
- にしきへび（錦蛇）［Pythonschlange］
- 断食［だんじき］［fasten］
- あんちょこ
- 魂胆・下心［こんたん・したごころ］［geheimer Plan/Wunsch; geheime Absicht］

文部省大学学術局御中
拝啓
　小生は瑞西より来日いたした者で，日本学術振興会の奨学金のお陰で東大法学部外人研究員として二年間研究させていただいております。
　貴機関にお伺いをいたしたいと思っておりますことは，次の点でございます。
　A　一）明治時代以後の所謂「御雇外国人」のそれぞれの人の名前，国籍，又日本で何を教えたか，日本に何年間滞在したかということを，明らかにしていただくような表がございますか。
　　　二）とりわけ法律を教えるために来日した「御雇外国人」との関係について，そちらに何か表がありますか。あ

　　　　れば，写しでもいただけますか。
　　三）今でも御雇外国人と呼ばれるような人がいますか。いない場合は，最後の御雇外国人はどこの国の人で何という名前だったのでしょうか。そして又何の分野の仕事の方だったのでしょうか。法律に関する最後の御雇外国人はどなたでしょうか。
B　一）西洋へ留学した日本人の学生について，最初から（明治以前？）今までの留学生制度についての統計表がございますか（どんな分野の学生がいたのか，分野別に幾人か，年度別に幾人か，どんな国へ留学したか，留学するために選ばれた国と留学する学生の分野との関係，留学の費用に関する資料等）。ある場合は，どこからいただけますか。
　　二）とりわけ法律を勉強するために留学した日本人に関する資料，又その発展を明らかに教えてくださる表がございますか。
ご迷惑をかけて申し訳ございませんが，どうぞよろしくお願い致します。

拝啓
　今年京都の第二十回法制史研究大会で先生から教えていただいたのは光栄の至りで，厚く御礼申し上げます。
　小生は，楊鴻烈先生の「中国法律思想史」の訳をいたしましたから，この方について先生に伺いたいので，今この手紙を書いております。
　昔日，台湾で，陳観遠先生から楊氏が瀧川先生の弟子だったということを教えていただきましたので，先生から楊氏についてご存知のことを伺いたいと思っております。何年間楊氏は日本に滞在していらっしゃいましたか。今もまだ生きていらっしゃいます

> か。何年生まれで，その略歴に関する資料をお持ちになっておい
> でですか。楊氏の著作の総合目録もお持ちでしょうか。楊氏の著
> 作について，日本人の学者がどんな雑誌に書評を載せましたか。
> 　あつかましいですが，小生の翻訳の前書きで楊氏を少し紹介し
> ようと思っておりますから，上記の質問について教えていただけ
> れば大変幸いに存じます。
> 　どうぞよろしくお願いいたします。

中国法制史を研究しようと思っている西洋人の教養について
 - 自分の（主として西洋のある）国の法律をよく身につけるために，なるべく大学法学部を卒業してから，実際に法律的な仕事をしながら法律の実務を体験すること。
 - 出来るだけ早く中国語を，出来れば日本語も習うこと。中国法制史家になり得る人は，どの程度まで両国語を習ったらいいかと言うと，中国古文をだいたいそのままで理解できるか，又は少なくとも色々な字引などを使うことによって読めるようになるか，中国の現代文を容易［ようい］に読めるようになり，日本語の第二次世界大戦前後の書き言葉も無理なく読めるようになるという技能を持てるようにならなければならぬと思っています。要するに，中日両国の専門家に直接教えていただくことが出来るためには，中国語も日本語もだいたい通じるように，又読み書きできるようになった方がいいと思っています。（続く）

■ 1975年5月20日

　言うまでもなく，その日本語や中国語を勉強するということだけでもたくさん時間と力がいります。中国語も日本語も習う時には，まず一般の言葉を勉強する必要がありますが，それから法制史学の専門用語と親しくならなければなりません。そのためにある専門に関する論文か書籍かを翻訳するのは大変良い方法だと思います。日本語の専門用語を身に付けるためには，仁井田先生の著作が非常に良い翻訳の資

料となると思います。(続く)

■ 1975年5月25日

　そういう翻訳をする時，内容的と言語的な面に気をつけなければなりません。要するに，翻訳するのは専門的な知識と言語的な知識を得る方法として認めなければなりません。ですから，専門用語を調べる面だけではなくて，ほかの単語を調べる面も強調しなければならないはずです。

　それ以外に，一般の教養も無視してはいけません。そこで，専門家になる基礎としてどんな本を読む必要があるかということが問題になります。注意すべき点は，一方では総括的な，全部の中国法制史に対しての理解と，また他方では，ある特定の分野に対しての理解を目指さなければならないということです。総括的な，また良い入門書は今でもまだないらしいです。でも，初歩的読書として，次のような西洋の本を薦めることが出来ます。

　（表）

　日本人の学者の書いた入門書として評価することが出来る本を次の表に書きます。

　（表）

　二次的資料以外に，一次的な資料を早く読むことも価値があるでしょう。次の一次的な本を一応薦めたいと思います。(続く)

■ 1975年5月26日

　西洋人として，中国法制史か東洋法制史を研究するのは，どういう目的を持った活動でしょうか。

　まず，欧州の人達が東洋に対する理解を深めるためだと思います。法律は，文化の重要な要素の一つですから，東洋の文化を分かろうとする場合には，きっと東洋の法律とその歴史を知らなければなりません。「東洋の法律」というのは，西洋の狭義の法律ではなくて，社会の秩序に関する各々の基準の全体という広義を目指したものです。で

すから，東洋法制史をやるのは，個人の学者の楽しみとその知識を高めるためのことではなくて，一般の知識を追求している西洋人の啓発のためのものです。そういう点は，研究の課題を選ぶということに対して，大変重要なものだと思います。

■ 1975年5月27日

　一つの「日本における中国法制史の研究」という報告を書こうと思っています。そのために，私が知っている日本人の中国法制史家の間である調査を行いたいと思っています。でも，まずどんなふうな手紙を書けばいいか考えなければならないでしょう。だいたい次のような形が良いだろうと考えています。

　△△先生，お元気ですか。

　ご存知のように，小生はスイスより来日した者で，日本で中国法制史に関する諸問題についての知識を高めるために色々な点からの追究をしております。

　中国法制史には二つの面があると言っても良いと思っております。一つの面は，中国法制史自体，要するに，歴史のそれに関する一次的資料というものであり，もう一つの面は，中国法制史についてされた研究とその結果，要するに，諸国の学者，なかんずく中日両国の方々のお書きになった所謂二次的資料であります。

　厚かましいですが，ここでその第二番目の点について伺いたいと希望いたしております。それは中国法制史という分野の中で，日本の学者は世界的に先達として認められているからなのです。

　そこで，申し訳ございませんが，同封した調査表をご覧になり，それにお書き込みの上，出来るだけ早く，もしできましたら一月のうちにお教えくださるようよろしくお願いいたします。

　以上を，失礼をも省みずお願いする次第です。

　　　　　　　　　　　　　　　　　　　　　　　　　　　　敬具

私は，中国法制史を教えている日本人の大学教授を訪問するため，この調査表を作りました。この調査表は，約十人の学者に送り，その後その学者と会って，いろいろと教えていただきました。調査の結果については，私のドイツ語で書いた日記で述べました。

<u>調査表</u>
　（まだ日本語が充分ではありませんので，出来るだけよく読み取れるようにお書きになって下さい。）

- お名前［なまえ］
- 年齢
- 中国法制史は，先生のご専門ですか。そうでない場合はご専門は何でしょうか。
- 中国法制史の中で，どんな特別な分野の研究をなさっていらっしゃいますか。
- 先生が中国法制史を大学でお教えになっていらっしゃる場合は，どんな地位で（例えば，専任，教授など），いつからですか。前任者がいた場合はお名前も教えてください。
- 中国法制史の講義内容の概要（箇条書きでお願いいたします。）
- ご自分のお書きになった中国法制史に関する一番大切とお認めになった著作：
  （題，いつ，どこで）
- 最近発表なさった論文か書物がありましたら，どうぞ（題，いつ，どこで）：
- 先生が発表なさった中国法制史に関する書物や論文は，どんな読者を対象になさいましたか（とりわけほかの中国法制史研究者のためだけ，漢学の専門家，一般の法律家対象など）。大衆向けの記事もお書きになりましたか。その場合はどんなことについて，どこにお書きになりましたか。
- 先生のお考えでは，中国法制史の研究をどんな目的のために行おうと思っておいでですか。

- 先生はどんなふうに研究なさいますか。研究なさりたいテーマをどんな風にお選びになりましたか（例えば，外から頼まれて始めた，自分だけの趣味から課題を選んだ，特別な中国法制史の研究目的についての理論上の見地から課題を選んだ，など）。もし理論があれば，どんな理論でしたか。
- 中国法制史におけるどんな分野についての研究が，先生のお考えでは一番もの足りないですか。
- 中国の簡略字もお読みになれると思いますが，中華人民共和国で出版された一次あるいは二次資料も参考になさっていらっしゃいますか。
- 先生の著作の総合目録がもしおありになれば，お送りいただけますか。
- 先生の大学で，中国法制史を専門として選んだ大学院生がいますか。
- その場合はどんな分野ですか。
- 中国語が話せますか。
- 法学者ではなくて，やはり中国法制史に対し偉大な貢献をした日本人の学者は，先生のお考えではどなたですか（名前，よく評価されている著作）。
- 私が存じ上げている日本人法学者の中で中国法制史家ともいえる方は次の方です：
- それ以外の学者をご存知ですか。どなたですか。
- 中国人とソ連人と西洋人のうちで，中国法制史を研究しているどんな学者をよく参考になさっていらっしゃいますか。

牧英正先生

お元気ですか。

お手紙をいただいて，どうもありがとうございました。

三月の二十三日から四月十六日まで母が日本におりました。その間，一緒に京都や奈良などの名所へ行っておりました。勿論前

もって先生にご連絡したいと思っておりましたが，厚かましすぎると考えて，京都に着いてからお電話をいたしましたが，残念なことに先生はいらっしゃいませんでした。後で時間も過ぎてしまいましたので，もう一度ご連絡するつもりでいましたのに時間がなくてできなくて，お会いする機会を失いました。申し訳ありません。本当に残念なことでした。

　四月，東大のすぐ傍の三畳の部屋へ引っ越して，毎日東大へ通っており，今年十月まで全力を投入しなければと思って，時間をできるだけ有意義な方法で利用しようと決心いたしました。そうすると，残念なことに，旅行をする余地もほとんどなくなってしまいました。私の考えでは，もう少し年をとって，余り我武者羅に突進しなくなってから，充分時間をとって日本にもう一度帰ってきて，ゆうゆうと旅行することが出来るようになりたいと思います。その時に先生にご案内をいただければ幸いだと考えております。

　先生のお書きになった本に対して大変興味を持っております。先生のおっしゃったご本を楽しみにしております。

　日本から離れる前に是非先生にもう一度お目に掛かりたいと希望いたしております。どうぞよろしくお願いいたします。

　奥様にもよろしくお伝え下さい。

　気候不順の折から，お体お大切になさって下さいますように。

日本語スピーチ・コンテストについて

　昨日，突然このことになんとなく興味がわきました。それは遊びとして大変面白い活動ですし，私が毎日やっていることとだいぶ違いますから，一種の息抜きの機会を持つことが出来るかもしれません。今の気持ちでも，やっぱり参加しようと考えています。

　でも，次のような条件の下でだけ参加しようと思っています。

　－勝つか負けるかを全然考えずに，息抜きとしてだけ。

　－したがって，別に準備したくないです。一つの文章だけを先生の

講座の時に少し（全部の時間ではなくて）練習したいです。
- 参加する前には出来るだけほかの先生などに知らせないようにする。あとではかまわないですが。
- テーマとして、「日本語における一番可愛い特色―強意語」を選びたいです。

谷口先生
　お元気ですか。
　去年の三月末にいろいろと教えていただいて，どうもありがとうございました。今更のように，感謝を新たにしております。
　去年のある瑞西［スイス］法律雑誌で，私の一つの書評が活字になりました。その中で，先生に伺ったことを元にした論文も述べました。コピーを同封いたしておきますから，ご覧になって下さい。
　この頃，先生は「日本における中華人民共和国の法律についての研究」について，滋賀先生に以前に見せていただいた論文の後に，又この前見せていただいた新しい論文を発表なさいましたか。先生がお作りになったそれに関する目録はまだ公になっていませんか。中国法制史が専門なのに，恥ずかしいことに，今まで中国人民共和国関係の面で，まだ大きな進歩をしたとは思っておりません。1968年に出版された「　　　　　」という目録は，今日本に大体十分ございますか。又，そのあとの研究についても同じ様な目録が出て来ておりますか。
　ご指導いただければ大変嬉しく存じます。よろしくお願い申し上げます。

　　　　　　　　　　　　　　　　　　　　　　　　匆匆頓首

柿島さん
　お元気ですか。

> 　この間、石橋さんをご紹介くださって、本当にありがとうございました。毎週二回石橋さんと会って、滋賀先生の本を一緒に読んでいます。その時、非常に役に立つ言語的な手伝いをしてくれます。今までに、もう64ページを訳させてもらいました。私が訳そうと思っている149ページを、長い時間がかからないうちに終えることが出来るでしょう。
> 　私の感謝の気持ちを表すために、今学期末までに柿島さんにご馳走し、その時ゆっくり話をしたいと思っています。
> 　毎日昼泳ぎに行きますので、夕方（5時か6時から）が一番都合がいいです。本郷にあるどこかの食堂ではいかがでしょうか。原則として、毎週木曜日以外がよろしいです。
> 　今の連絡先は　　　　　ですから、伝言を残してください。
> 　又お会いできるのを楽しみにして待っています。
>
> 　　　　　　　　　　　　　　　　　　　　　匆々頓首

　梅雨がやって来たらしいです。夕べ、時々ざあざあというどしゃぶりの音を聞きました。これから七月上旬まで、大体毎日、言う相手があれば、「濡れて行こう」と言うところですが、それにはひどすぎる降り方ですね。私はおつゆ（味噌汁）だけではなくて、梅雨も好きです。なかんずく、夜うとうとしながら雨の滴が流れるのを聞くと、大変いい気持ちになります。それ以外にも、梅雨の時はいくらか涼しいような感じがしますから。でも、これから毎日雨傘を失うことを心配しなければなりません。それは梅雨の一番大きな欠点だと思っています。私にはそのような経験があり過ぎます。スイスには梅雨がないですから、小さい時から雨傘を忘れずに持って歩くことに慣れることが出来ませんでした。雨傘屋さんにサービスしたと思えば、あまり腹も立たないですが。

■1975年6月9日

　夕べ八時まで東大の法学部研究室という建物の中で勉強して、晩ご

飯を食べに行って，その後また東大の校庭に戻り，50分ぐらいゆうゆうとさまよいました。9時半頃帰って，私の下宿の近くにある小店［こみせ］で，いつもと同様に，ミルクとヨーグルトを買って，私の部屋へ帰って来る所でした。その時，一台のパトカーの傍を通過しましたが，この自動車は私のあとに続いて来ました。二人の人が走っている足音を聞いたので，振り向いてみました。二人の警察官が来て，私に話し掛けました。残念なことに，外国人登録証明書を持っていませんでしたが，名刺と東大の身分証明書を見せてあげました。最近日本での違法在留外人が増えて来たそうです。一人の警官は，私に日本人の女の友達がいるかという変な質問をしました。もう一人の警官は，二度もパトカーへ走って行って，東大の連絡先を書いて，私の名刺を持ったまま，私がどこで外国人登録証明書を取ったかを詳しく聞いて，やっと私を行かせてくれました。

　これからはこの登録証明書はいつも持っていなければならないとつくづく思いました。

■ 1975年6月10日

　私の自己に対しての考え方と感じ方は，一般的に言えばかなり安定していますが，ある安定したレベルの中では，やはり波のような上がり下がりがあります。時々自信がぺちゃんこにつぶされてしまうように思えます。例えば，図書館へ入って，本棚に向かって立っている時，本に押しつぶされるような感じがします。図書館の目録で何かの本をさがす時も同じ様に感じます。こんなにたくさんの本があって，それぞれ有意義らしくて，読みがいがある本であるようなのに，私がどんな風にそれらの一部分だけでも一生の間に読めるのでしょうか。結果として，私の知識は非常に断片的ですし，背は高いのに，能力的にも知識的にも一寸法師のように小さく縮まってしまっているように感じざるを得ません。しかし，かのお伽噺にもあるように，一寸法師も驚くべき巨人を倒すことが出来ました。そのようなまねをしたいし，たとえ部分的でも，そういう巨大な困難に打ち勝ちたいと思います。

1975年6月13日

先生，お元気ですか。

　新緑の候となりました。先生には，その後益々ご健勝にわたらせられ，何よりとお喜び申し上げます。

　大変興味深いご本をもういただきました。以前に，日本法制史を専門としている一人の慶応大学の大学院生が，この本を私に見せて，それを是非買って読みたいという読書欲を起こさせてくださいました。今先生ご自身からこの貴重なご本をいただいたことは，本当に嬉しく光栄だと思っております。

　中国法制史の研究の暇に，入門的知識を得るために，今ちょうど石井良助先生の日本法制史概要を読ませていただいております。その後，先生から賜ったご本を拝読しようと考えております。

　いつの日かドイツ語で「日本法制史概要」という本が書けるようになってみたいと思っています。こういう本は，西洋で今までまだ出版されていませんので，この分野は日本，とりわけ今の日本を理解するために，いつまでも無視し続けない方がいいと考えています。こういう自分の研究ではなくて，一番優秀な日本法制史家のお書きになった日本法制史概説に基づいて本が書ければ，勿論，先生より賜ったご本も重要な参考資料になると信じています。

　そして，先生は私に日本的な名前をお与えくださいました。前から寮生と一緒に考えて，私的に「波浪本陣屋」という名前を持たせていただいていますが，今二つの帰化人的な名前を持つことになって，少し贅沢だと考えています。

　では，先生ご夫妻のご健康を祈りつつ。

——

　もし来年小生がスイスにおりましたら，拙宅へおいでいただければ幸いです。

今までには、東京の五ケ所に住んだことがあります。
一）東大インターナショナルロッジ
二）三木ハイム
三）日本ルーテル神学大学の寮
四）雅叙園（がじょえん、目黒駅近くのホテルの名前）
五）三畳の西片の下宿

とりわけ、三木ハイムと三畳の西片の部屋とはまったく違うといっても良いです。生活方法はだいぶ変わってきました。三木ハイムでは12時前には就寝しませんでした。

■ 1975年6月14日

今日、式内社研究会会長、律令研究会会長、国学院大学名誉教授瀧川政次郎先生から次の手紙をいただきました。

> 拝復。楊鴻烈氏は、昭和の初めに、私が日本へ招いてやりました。彼は私の招きに応じ、細君を連れて東京へ来ました。私は外務省に交渉して彼のために中国留学生に対する補助金を取ってやりました。彼は日本語を解しないので、細君と共に、神田の日本語を中国人に教える学校に通いました。私は彼が日本及び中国の法制史を研究するために、あらゆる便宜を与えました。細君は保母養成学校に入学し、日本にいる間に、幼稚園の保母になる資格を得ました。楊鴻烈夫妻は在日三年、学成りて帰国しました。その後、私は昭和十五年に南京へ行ったときに、彼に会いましたが、その時彼は南京の中華民国臨時政府の役人をしていました。終戦以後（昭和二十四年頃）、香港から手紙が来て、彼が香港に遁れ、某大学の教授をしていることを知りました。それを最後に消息を断ちました。昭和四十一年、私は台湾へ行き、商務印書館へ行って、彼の安否を問いましたが、行方不明、恐らく何者かに殺害されたのではないかという返事でした。
>
> 右お返事まで、匆々。

日の丸の中の白十字

瀧川政次郎

六月十三日
ハロ・フォン・センガー様

■ 1975年6月16日

前略
　大変親切なお手紙をいただいて，どうもありがとうございました。楊氏の生涯の後半は，本当に不思議だと思いました。
　小生は今年10月まで日本にいる予定ですので，それまでに一度先生の所に伺わせていただければ幸いです。先生の中国法制史のご研究について，ご迷惑とは存じますが，色々と質問をいたしたいと思っております。
　先生は，日本におけるこの分野の一番経験の豊富な学者でいらっしゃいますので，お目にかかれる機会を与えていただけましたら光栄の至りです。ご都合をお知らせいただけませんでしょうか。ご一報を楽しみに待っております。

不一

XXX
　もうずっと長い間お会いできなくて，大変残念だと思っております。でも，私の方も，ご承知のように，てんてこまいをしているので，まるで失踪してしまったかのようで，申し訳ありません。でも，近いうちにまたお会いしたいです。今の連絡先は，　　です。ご都合の良い時間はいつですか。来週一度電話をお掛けしようと思っていますので，その時に約束をさせてください。いいですか。
　それでは。

■ 1975年6月17日

　先生が今の中華人民共和国の法律に関する一番重要と思っていらっしゃる著作十くらいを含めた表を書いてくださいませんか。そして，愛知大学の浅井先生はどこでCOHENさんの編纂された「Law in ...」という本の中での先生の論文を批判なさいましたか。お目にかかった時，先生はその所を見せて下さいましたが，残念なことに，ノートに書き込むのを忘れてしまいましたので，恐れ入りますが，もう一度お教え願えませんか。

　今日，水泳の後，友達と昼食を取って，一人の女の人に彼女の部屋に連れて行ってもらって，日本の新茶を飲んだり，ギターを弾いたりしました。大変楽しかったです。彼女はある医学部の先生の部屋の留守番をしている人です。

　余暇を以上のように楽しく過ごしています。他事ながら，ご放念下さい。

友人の後藤千恵さん

■ 1975年6月19日

　モルフォロジー（注1）・多元的に考える。

　ツビッキ先生（注2）の思考法

　モルフォロジーの原則

　モルフォロジーというのは，それぞれの解決すべき問題について，さまざまな観点から，より完全な分析を行うことを目指したものである。

　同時に，問題のさまざまな解決方法を，総合的にそれぞれの種類の前提に基づいた仮定から引き出し，評価しようとするものである。

その方法は，どんな問題に対しても総合的な見地に立った研究方法である。従って，ある問題に関するあらゆる理論的解決方法に注意するのみならず，その問題解決方法のあらゆる実際的要因とそれらとの根本的な相互関係も考慮したものでなければならない。あちらに一つ，こちらに一つというような発見か，発明か，問題解決を考えることの代わりに，モルフォロジーの方法は，発見か，発明か，問題解決方法の諸カテゴリーの一つずつを全般的にいかに考え出すかということである。そうすることによって，現代の人々が失っていっているような深い思考法を復活することである。

モルフォロジーの方法，即ち多元的思考法は，個人にとっては有効な存在発揮の方法で，社会にとっては積極的な未来への協力の方法として考えられるのである。この方法においては，出来るだけ完全な客観的かつ偏見がない考え方，また人間の知恵の一番本質的な立脚点の知識が備わった時に，最も良い結果を得ることができる。このような知識は，世界の物理的な対象とその相互関係だけを指すのではない。人間の生理的，心理的能力とその欠点も確認しなければならない。モルフォロジー的な見方と立場は，外部的と内部的世界のあらゆる関係に対してあてはめることが出来る。（続く）

■ 1975年6月24日

仁井田先生の論文の翻訳を終えたあと，しばらく母と一緒に休んで，また死に物狂いで勉強を続けました。4月の20日から今まで，滋賀先生の冬の学期に行われた「東洋法制史」という講義を，慶応大学の友達の大変事細かなノートに基づいて，全部訳すと同時に，先生の本の中の90ページ分も翻訳をしながら，楊鴻烈氏の本も9ページ翻訳し終わりました。遊ぶ時間が極めて少ないので，精神的に何か疲れたように感じました。

モルフォロジーの諸方法（一）
モルフォ・ボックスの方法

①解決すべき問題を詳しく定義し，また到達すべき目標を明らかにし，問題とその目標に関するあらゆる概念をはっきりさせる。
②解決すべき問題に影響を与えるあらゆる事情を正確に指示し，位置づける。その問題のパラメーターの総合的研究。
　もちろん，問題全体に対しても，問題の成分に対しても，イデオロギー上の見方もパラメーターの一つとして認めなければならない。
③モルフォ・ボックス，即ちモルフォロジーの多元的構想に基づき，その中に考えられる限りのあらゆる解決方法が，偏見なく配列されて入っている。
④特別に選択された価値基準に基づいて，モルフォ・ボックスにあらゆる問題解決方法を分析し評価する。
⑤前記の基準における最良の問題解決方法を選び，それを最終的な実現まで追求し続ける。（続く）

仁井田礼子さん
　お元気ですか。
　先週の土曜日の晩に行われた仁井田先生の逝去9周年の追悼お食事会にさそってくださって，本当に光栄の至りです。非常に興味深いことで，今までに経験したことがない会合でした。とりわけ福島ご夫妻と幼方ご夫妻にご紹介くださったのは，大変有難いことだと思っております。今度また福島先生と幼方先生にお目に掛かって，仁井田先生についてもっともっと教えていただきたいと希望いたしております。
　ご好意に対して，お礼の気持ちを表す言葉がまだ見つけられませんので，この手紙で私の感謝の気持ちを表したいと思いました。
　お妹さんと姪御さんにもよろしくお伝え下さい。

　　前略
　ずっと前に大変可愛いお手紙をいただいて，どうも有難うござ

いました。ご承知のように，いつもてんてこまいをしているので，連絡できませんでしたが，あなたのお手紙をしばしば思い出して，「返事を書こう」と考えていました。

予定通りに今年の10月に帰らなければならないのですが，今は日本にいるので，その間にあなた方が東京に来られればご連絡下さい。また会いましょう。

小さなスイスの贈り物6箇を同封して送ります。可愛がってください。

不一

ハロ・フォン・センガー

モルフォロジーの諸方法（二）
問題領域を覆う方法（問題領域に浸透する）
①確かな「知識群」から出発する。
②あらゆる方向へ進んで，まだ知られていない領域へ突き進む。
③研究すべき問題領域を完全に覆う構想をつくる。動態的領域の場合には，特に注意すべき点がある。それは初めての試みによって得られた経験は，その問題領域自体にまた影響を与えるということである。（フィードバックの原理）

この方法の目標は，問題領域を完全に覆うということである。要するに，出発点としての確かな知識のベースの間の，物理的，また非物理的なあらゆる要素を徹底的に研究するということである。故に，解決すべき問題がある場合にも，また説明すべき現象か出来事がある場合にも，あらゆる可能性の全領域を踏査しなければならない。

この方法を使う時には，例えば次のような思考原理に従うべきである。
①数える能力
②同一であるか否かを見分ける能力
③時間と空間の中において，一致している現象であるか否かを認識する能力

④異なった方法で，同一の目的を追求した場合に得られた結果は，矛盾が認められないようでなければならない。(続く)

前略

　先週の木曜日には大変ご親切にしていただき，ありがとうございました。また，非常に貴重な本一冊と総合目録をくださり，小生のあつかましい質問に，高尚に徹底的に答えてくださり，本当に心の底から感謝いたしたいと存じます。これからも，また教えていただきたいことがある時には，ずうずうしくご連絡申し上げるつもりでおりますので，今回のことにお懲りにならずに，またよろしくお願いいたします。

　奥様にもよろしくお伝え下さい。

　　　　　　　　　　　　　　　　　　　　　　　　　　　不一

スイスの民謡のレコードを，深謝の気持ちとして，同封いたします。

■ 1975年7月1日

モルフォロジーの諸方法（三）

否定してから，改めて建設するという方法

①モルフォロジー的に物事を考える人にとっては，自然科学，生物学等の根本原理に従い，厳密に「不可能」であることが立証されていないものであるならば，それは何事も可能であるという確信となる。故にどんな問題があっても，モルフォロジーの立場から見ると，絶望や困惑するようなことはほとんどない。しかし注意しなければならない点は，教義，信条，定説あるいは完全に立証されたものではないが，「真実」として人々に信じられている事柄や習慣や独裁の限界が，建設的な進歩を阻止しているということである。そういった制限を否定すべきである。(続く)

■ 1975年7月4日

モルフォロジーの諸方法（三，続き）

②だが，否定するだけではなく，否定した上で建設的に摂取しなければならない。外見上の「真理」や「事実」を体系的に否定し，結果として得たものを基礎にして，建設的に発展させれば，個々に発見，発明をするのみならず，発明，発明とか諸々のグループをつくることができるようになるはずである。

例えば，コペルニクスはヨーロッパの中世の世界観を否定してから，改めて新しい世界観を創設した。

時折，日常生活の中において，自分で選びたいと思ったことが，自分の影響力以外の要因により否定されてしまう時も，あきらめずに他のものを建設的に探し，同じ目標に到達した方が良いと考える。方法だけでなく，その目標も否定された場合は，さらに高いところに目標を設定すれば，常に新しいものを求め建設することができる。

「謙遜なモルフォロジー」の方法

実生活の中でしばしば起こりうる問題領域を，すべて覆うことが不可能であり，解決方法も見つけることができない時でも，その問題に関するあらゆる解決方法でなくても，少なくとも一つの新しい事実か解決方法かを見つけることがやはり非常に重要なことである。それは，「謙遜なモルフォロジー」の方法である。

科学におけるモルフォロジーの方法

科学についていえば，モルフォロジーの考え方の条件は，個々の科目内の本質的な原理と相互関係だけでなく，個々の専門科目間の関係もなかんずくあらゆる科学の世界に，とりわけ人類に与えられる影響をはっきり認識していなければならないし，最高の目標と価値とを目指しながら建設的に利用し，計画しなければならない。

徹底したモルフォロジー使用者は，学問と生活の物理的や非物理的なあらゆる現実との諸関係と関連が重要であると信じている。そうい

う意味でモルフォロジーの展望は，学問的な展望をはるかに超越している。（続く）

■ 1975年7月7日

モルフォロジー使用者は，

※個々の科目で得られた一面的な結果を，社会と個人のあらゆる活動の中に有機的に提案し，そのために工夫する。

※また，モルフォロジーの各々の方法と見地によって，科学や技術や政治における根本的な問題を解決するために努力する。

モルフォロジーの方法論に通じている人にとっては，現在，解決する見込みがない問題はほとんど皆無であろうといって良い。そこで彼らは心の安心感を持っているのである。そういう意味でモルフォロジー的研究は，あらゆる物理的な，または非物理的な関係の本質と変化の究明であり，そういう究明で得られた発明，発見を，ある大きな目標を達成するために利用する。

どんな目標のためか，この問題に対しての答えは「我々各自の特色，要するに個人的な才能をうまく理解して，あらゆる状況を諸々の価値と価値観の下に批判的に考察すれば，皆個人的に見出すことが出来るはずである。」ということである。（続く）

■ 1975年7月8日

人生に関するあらゆる価値のモルフォロジー

人間とその環境に対して，あらゆる価値観と価値のモルフォ・ボックスをつくるのが，モルフォロジー使用者にとって一番重要な使命の一つである。

個々の人々は，このすべての価値を包括しているボックスからどんな価値を選ぶかによって，自己の生活と環境を向上させるために工夫しなければならない。そうすれば，モルフォロジーの展望と方法とは，到達しようと思った目標への最善の道をとることを可能にしてくれる。

政治におけるモルフォロジー（一）

モルフォロジーの基本的要求は、原則としてある問題に対してあらゆる解決方法を偏見なき考慮をもって発見することである。

政治の分野においては、いかにしてその原理が行われるか、また行われたならばどのような結果が起こりうるのか。ツビッキ先生はこの問題について特別な意見を述べなかったので、以下私の考えを述べたいと思う。

現在の政治家とモルフォロジーの方法について話し合えば、彼はたぶん「私はその方法にいつも従っており、政治的問題を解決する前に必ずそれに関するあらゆる解決方法を考えることにしている。」と答えるだろう。しかし本当にその通りだろうか。私はそうは思わない。それは現在の政治家は「あらゆる」という言葉を狭義に理解しているからである。要するに、自分のイデオロギーだけの範囲におけるあらゆる問題解決の可能性をめざしているに過ぎない。それに対してモルフォロジーの場合には、「あらゆる」という言葉は広義に理解されなければならない。要するに、ある政治的問題を考える場合、自分自身のイデオロギーを前提とするのみならず、原則としてあらゆるイデオロギー、価値観を通じて分析してみなければならないし、そこから解決方法を導かなければならない。

謙虚なモルフォロジーの場合には、二・三の重要かつ対立的なイデオロギーとか価値観に限定しなければならない。

以上のように、モルフォロジーが全体的なアプローチを要求していることに対し、既存のイデオロギーは部分的なアプローチのみに限られていた。

モルフォロジー使用者は、ある政治問題を分析すると、どんな前提からでもアプローチすることが出来るというだけでなく、どんな前提からも分析しなければならないということである。

現代の政治家についていえば、そうではない。例えば、自由主義や社会主義の一つの許される範囲内でのみ、その問題を分析しようとする。しかしモルフォロジーは、現代までに考え出されたあらゆる主義

や，イデオロギーや，一般の政治に関する価値観，体系などを包括し，論理的に新しい諸々の前提から帰納されうる，また未来に創造される主義やイデオロギーや一般の政治に関する価値観，体系をも含んでいる。つまりモルフォロジーとはそういった一面的な考えでなく，一歩次元を高くした，それらすべてを含んだ超主義，超イデオロギー的な体系なのである。

　モルフォロジー使用者は現代と過去の諸々の主義とイデオロギーを──自分個人の考え方とは異なっていても──尊重する。むしろそれらのすべてを自分の意識の中に吸収し尽くそうとしている。それは主義，イデオロギー全体としてではなく，一つの特殊な政治問題に関しても，あらゆる立場を認めようというものである。つまり彼の考えは，存在するすべての主義，イデオロギーに基づく対立が解消し，その代わりにその思想として統合された総合体となるのである。彼らはまた，自分と異なる主義やイデオロギーについては，自分の母国語でない，つまり外国語のように習得する。その結果として，どんな問題でも，さまざまな主義，イデオロギーの立場から分析することにより，困難な問題も解決することが出来るのである。

　モルフォロジー自体は，もちろん価値観のないものではない。モルフォロジーの基本的な価値判断は，
　※原則として人間のあらゆる知識は，その内容と関係なしに人間の知識それ自体として存在するものとして意味のあるものであり，考慮に入れる価値がある。
　※ある問題に関する知り得るだけの知識と，関連する価値観を考慮した解決方法は，断片的知識や断片的価値観に基づく解決方法よりも優れている。
というものである。（続く）

■1975年7月8日

　今日，田中昭彦様からこのカードをいただきました。

> 　　暑中御見舞
> 　　　　申し上げます
> このたび私こと三ヶ月間の研修を終え，七月一日より外務省アメリカ局北米第二課に勤務致しております。
> 在学中は公私共にお世話にあずかり厚く御礼申し上げます。
> 何卒今後共一層御指導御鞭撻下さいますようお願い申し上げます。
> まずは略儀ですが書中を以て御挨拶申し上げます。
>
> 昭和五十年七月
>
> 　　　　　　　　　　　　　　　　　　　　　田中昭彦

■ 1975年7月9日

政治におけるモルフォロジー（二）

　前記の二つを前提とし，ある政治問題についての意志決定のプロセスは，その問題に関するすべての考え方を考慮しなければならない。諸通説以外の小数意見や孤立した考え方も，積極的に吸収し，自分の立場と異なった方法でも分析し，自分の立場と確信から一応一定の距離を置き，相対化しなければならない。そのような立場に立って，分析すべき対象をあらゆる面から通観した後に，最終的に自分の価値観に立ち戻る。その自分本来の立場から解決方法を検討し，最良と思うべき方法を選ぶのである。この場合にも，選択した方法についてなぜその方法を選んだか，他の方法はなぜ選ばなかったのかという理由も付け加えなければならない。

　モルフォロジーの重要性は，この最後の解決方法に対する個人的価値判断より，問題を分析する過程が大きいのである。モルフォロジーの考え方をもってしても，自分個人の価値観から離れるのはなかなか困難なので，どんな方法を選ぶかを決めると，本来の価値観がまた出てくる。しかし問題を諸々の主義やイデオロギーの立場から分析すると，自分の主義やイデオロギーの「探照燈の光」の範囲外の新事実が

見えるようになる。それはモルフォロジーの大きな貢献だと思われる。

例えば，イスラエルのシオニズムの立場から見ると，簡単に言えば，パレスチナ避難民の現在ある状態の事実そのものが存在し得ないという考えに立っているので，中東問題を解決するためにパレスチナ人の立場を代表しているグループを認める必要がないということになる。

モルフォロジーの立場から見るとそういうことができない。パレスチナ人の諸々のグループの行動を好き嫌いの関係なしに，またその人達の考え方の内容にも関係なしに，原則として，彼らの立場を中東問題を分析する時には必ず考慮しなければならない。

どんな政治問題にぶつかっても，その通りだと思う。さらにある問題を分析するときに，イデオロギー的アプローチを変えてみると，以前は重要と思わなかった事実も，突然重要になること，またある固定された域の中に位置づけられたと考えられていた事実が，まったく異なった域の中でも考えられるということは，結果として他の域の中でみると大変異なった感じを与えるということを認識するだろう。

政治家は少なくとも三，四の重要な理念や主義やイデオロギーを完全に身につけなければならないのみならず，常時，新しい考え方を，一見大変おかしいとか，良くないこととか思っても吸収し，理解しようという態度をもたなければならない。

例えば，他のイデオロギーを学ぶための第一歩として，他のイデオロギーの立場から書いた定期刊行物や雑誌などを定期的に，またできるだけ偏見なく読まなければならない。時間の余裕があるならば，そのイデオロギーの古典的文献を読むべきである。もしそのイデオロギーが，現在継続して存在するならば，その国へ行き，現地で理解と実践を勉強することが出来る。さらに他の主義を持つ人と友人になり，その考え方を少しずつ理解できるようになるのである。

例えば，自由主義を信じている人でも，共産主義や国家社会主義の分析を，自由主義者が分析したとは思えないほど，正しくできるようになる。つまり最終的にはモルフォロジー的政治家は，例えば共産主義者とは「共産主義語」，自由主義者とは「自由主義語」，シオニスト

とは「シオニズム語」等で話せるようになることである。そうすれば，同時に社会と世界を諸々の主義の「めがね」を通して見ることが出来るようになる。その結果として，どんな政治問題に対しても，人間として最大限の力を持って，「あらゆる」面を考慮に入れて考えるようになるであろう。そうすると他の主義を持っている政治家と誤解なく通じ合えるようになるだけでなく，個人の狭い主義の「事実観」を超越し，もっともっと広い「事実観」を得ることが出来る。それによって自分の価値観を排除しなくても，より実際的な問題解決方法を発見するであろう。換言すれば，自分を自分の主義や確信などから開放しなければならない。自分の主義を相対化し，自分と異なった主義を謙虚に自分のものとして吸収する態度を持たなければならない。こうした諸々の主義，イデオロギーを自分のものとする作業は，一生継続されるものでなければならない。なぜならば，自分の狭い思想世界は，宇宙のように無限な人間思想界の中の小さな星ぐらいにすぎないものだからである。そして他のイデオロギーや主義を学ぶ時に，自分本来の考え方が変わってくるかもしれない。少なくともかなり流動的になり，臨機応変に対応することも出来るようになるであろう。

民主主義国家では建前として国民全員が政治家であるから，今まで述べてきたことは皆さんのすべてにあてはまることだと思われる。それ故に国家の教育制度にもそのモルフォロジー論は影響を与える。

例えば，現在の西洋自由主義の国々では，一般の人々の共産主義に対しての理解は非常に足りないといってよい。そして，シオニズムやイスラムなどが，実際にどんな理論であるかを誰もが詳しく知らないのが普通である。知っていることの大半は，自由主義というフィルターを通して見た知識である。

それらを是正する方法として，高等学校の課程にイデオロギーや主義の紹介等をしてくれる科目を取り入れると良い。その時に出来るだけ，生のままの主義やイデオロギーを教えることである。要するに諸々のイデオロギーを基礎から学習し，あたかも外国語を学ぶように学習し，諸々のイデオロギーの立場を考えるようにならなければなら

ない。例えば,「共産主義を理解することによって,国際緊張緩和政策とは何であるか,自由主義にとってそれは何であるのか,双方を比較しなさい。」とか,「共産主義と自由主義の『民主主義』に対しての定義と考え方を比較してみよ。」とか,「南アフリカの人種隔離政策の人種に対しての理論を説明せよ。」等の試験テーマを,このモルフォロジー科の授業で実行することができる。この場合,その主義やイデオロギーについて一番良いとその使用者達に認められた理論家の書いたテキストを使用しなければならない。この講座の目的は,諸々の主義,イデオロギーを攻撃するのではなく,生徒達に理解させるということである。もちろん,諸々の主義,イデオロギーの相互の批判も教えなければならない。そうすることによって,生徒達の考え方も非常に鋭いものになるだろう。

　歴史の事実にあてはめる歴史観は,政治にとって大変重要であるから,モルフォロジーは歴史学にも影響を与えるであろう。歴史の教科書もモルフォロジーの立場から書き,広げることができるであろう。各々の歴史におけるイデオロギーの立場に従って,論争のもとになりうる出来事について,あらゆる解釈や理解方法を述べ,そして教えなければならない。

　同様に,マスコミを改組しなければならない。現在ある国内のラジオ,テレビに多くのチャンネルがあっても,根本的な内容は皆,同じではないかと考えられる。

　日本には「一億総白痴」という有名な言葉があるけれども,私が知っている西ヨーロッパの国々に対しても,同様のことを言っても良いと考える。いや世界中の国々が同じような「病状」の中にあるかもしれない。

　もしラジオとテレビで二,三のいわゆる「イデオロギーチャンネル」を設けたらどうであろうか。その国家の主張する主義と最も対立した,また相互に対立したイデオロギーチャンネルを設けたら,国民は現在のような寝ぼけたような状態から,精神的に目を覚ますのではないか。例えば,民主主義国家の中で成長した国民は,自分の国家と

異なった主義の国，人の主張を聞いてみたりして，多くの事象に触れることができるようになる。

　上述のように民主主義国家では，建前として国民全員が政治家であるから，国民は他のイデオロギーを身につけるべきである，とモルフォロジー論的な立場から言えるだろう。こういう学習過程を進めるための，こうしたイデオロギーチャンネルの制度化は，かなり有効に作用するだろう。

　また，国際通信社のニュース政策もモルフォロジー的立場をとるように変えねばならない。モルフォロジー的通信政策の基本的原則は，ある出来事に対し，あらゆる立場からの解釈を手に入れ，平等，公平に通信することである。つまり，自由主義，資本主義，民主主義等のあらゆる立場から，積極的に情報を手に入れようとする姿勢を持ち，その目的は世界中の国々の出来事に対して，民衆に，総合的に理解できるように報道することである。

　モルフォロジーという全般的な考え方は，政治に対してだけではなく，他のものに対しても適用できる。例えば，西ヨーロッパの国，とりわけスイスのマスコミで，外国の文化，小さい範囲の国以外（とりわけ米国，フランス，イタリア，ドイツ）を無視している。スイスのマスコミは，中国や日本や他のアジア，アフリカ諸国の文化を紹介するためには，そのエネルギーをほとんど費やしてくれない。それもモルフォロジー的ではない考え方の結果かもしれない。

　かくて「あらゆる」という地味な言葉をめぐって，モルフォロジー的アプローチは，政治に大きな影響を与えられるであろう。おそらくモルフォロジー的考え方は，相互に闘争，対立しているイデオロギーと価値観について，大いに役立つことであろう。少なくともモルフォロジーは，政治問題に対して普通より現実的，また実際にあてはまる解決方法を発見することに貢献するであろう。

　　注1：モルフォロジー Morphologie は，ギリシャ語の $\mu o \rho \phi \eta$（形態）と $\lambda o \gamma o \sigma$（学）との合成語で，「形態学」という意味である。ある具

体的,抽象的範囲におけるものの法則的形態の学問である。ゲーテが創立した比較的経験によって,形態の総合体を追及している学問である。

GOETHE, MORPHOLOGISCHE SCHRIFTEN, herausgegeben von Troll (第2版 1932)

上記のような意味で,植物学,鉱物学,動物学,地理学や文法学などの用語として使われている。

ツビッキ先生はこの言葉をここで別な意味に基づいて使っている。詳しくは次の文献を参照。

ZWICKY, FRITZ: DISCOVERY, INVENTION RESERCH TROUGH THE MORPHOLOGICAL APPROACH (Mc. Millan, New York, 1969)

ツビッキ先生の意味のモルフォロジーは,MULTIPERSPEKTIVISMUS(多角的思想)とかPANPERSPEKTIVISMUS(汎角的思想)といった方がわかりやすいと思う。

注2:ZWICKY, FRITZ (1898-1974) スイス人。1922年チューリヒのスイス国立工業大学にて物理学博士号。博士論文のテーマは「結晶の構造」。1925年 CALIFORNIA INSTITUTE OF TECHNOLOGY (PASADENA) の物理学教授になり,同時に天文学の問題について先駆的な研究をした。例えば,宇宙の熱力学の均衡について WALTER BAADE といっしょに SUPERNOVAE を研究し,その名を命名した。それについて「ニュートロン星」の説をつくりだした。この説は1968年に行われたいわゆる PULSAR の発見によって確かめられた。

さまざまな論争のもとになった天文学の理論に関しては,MOUNT WILSON と MOUNT PALOMAR にある天文台を使って,一つずつ証明することができた。彼の天文学の説の大部分は徐々に通説となった。

第二次大戦の間,アメリカ政府のために協力した。1949年トルーマン大統領から「自由大メダル」PRESIDENCIAL LARGE MEDAL OF FREEDAM を受賞した。

1973年天文学者にとって最も権威のある賞である英国の ROYAL ASTRONOMIC SOCIETY の金メダルを受賞した。

彼の総合目録には，数百にのぼる著作がある。

1975年4月テヒニッシェ・ルントシャウに掲載された著者の論文
（始めの部分）

参考文献

Morphologik in der Politik, in: Neue Studentenzeitung, Zürich Mai 1970, S.3

Morphologie: Vieldimensionales Denken. Die Denkmethodischen Grundsätze nach Prof. Zwicky, in: Technische Rundschau - Europäische Industrie- und Handelszeitung Zürich, 4. April 1975, S.1-2

智謀：平常和非常時刻的功計，上海人民出版社，上海1990, 431-432頁

Morphologie und China, in: Erfolg mit Morphologie, Glarus 1993, S.7-17

注：1975年から1977年までは，私は中華人民共和国に留学していま

したが，そこではモルフォロジーが非常に役立ちました。モルフォロジーのお蔭で，中華人民共和国のイデオロギー（中国式のマルクス主義や毛沢東思想など）が大変よく理解できました。

帰国後，中国人と話し合う際に，時々「共産主義言語」を使ったら，相手が驚いて，「あなたは共産主義者ですか」とまじめな顔で

北京語言学院の学生と先生と一緒に
北京郊外にある香山の上
（1975 年 10 月 9 日）

聞いてきます。私は喜んで，「モルフォロジーは本当に良いものであり，違う思想を理解するのを手伝ってくれる道具だ」と思いました。

2001 年は，国連の決議で「諸文明の対話の一年」とされています。よく対話をしたいのであれば，モルフォロジーを使うのが早道だと思います。

■ 1975 年 7 月 21 日

福島正夫教授に書いた手紙

> 拝啓
> 　7 月 1 日から何度も早稲田大学に電話をかけたのですが，毎回先生はお留守でしたので，心配していました。先週，東京大学東洋文化研究所長佐伯有一先生からお手紙をいただき，福島先生が病気になられたことを知らせていただきました。すぐに病気は治るでしょうと，佐伯先生が伝えてくださいました。私も心からそのように祈っております。
> 　8 月になってから，またご連絡させていただこうと思っております。
> 　ご病気とお聞きいたしましたが，いかがでいらっしゃいますで

しょうか。一日も早く全快なさいますように祈っております。

敬具

東京大學東洋文化研究所の Saeki Yuichi 御夫妻と一緒に
（1978 年 秋）

■ 1975 年 8 月 23 日

　今日，明治大学法学研究科の教授，中国法制史専門家島田正郎先生から次の手紙をいただきました。

　　残暑厳しい折がら，いよいよご健勝と存じます。
　　かねてご書面をいただきながら，七月下旬より銷夏のため山中に蟄居いたしておりましたため，不在にいたし，たいへんご返事が遅れ申し訳ありません。深くおわび申しあげます。
　　さてお尋ねの件
　　（一）　註訳日本律令は，律令研究会が編成して東京堂より出版されることになっており，本文篇第一冊はすでに出版されております。註訳篇は律のみで三冊程度になる予定で，このうち名例は滋賀教授の手になり，一番さきに出版されることになっていま

す。各篇はそれぞれ分担執筆し明年以降に逐次刊行されることになっています。

（二）については，たいへんむずかしいご質問と承りました。私は

①孫祖基の中国歴代法家著述考　台北古亭書局
②国務院法制史研究堂の中国法制史参考書目簡介　北京法律出版社

の両書を基礎にして，大学院生諸君のため資料解説を試みるのを例としていますが，両著にはそれぞれ得失があって，どちらが良いとは一概にいえません。私の講義＿はいまのところ備忘の域を出ませんので，あまり役にたつとは思いません。九月にでも入って，過日お会いになられた岡野・佐藤両君と一緒にもう一度お会いして，両君たちの備忘とつきあわせれば，或いは復印ができるかとも思います。九月中旬すぎにまたご連絡たまわりたいと存じます。

島田正郎

ハロ・フォン・センガー様

滋賀秀三先生と著者
(1975 年 8 月，鎌倉の先生のお宅の庭で)

■1975年8月28日

残暑御見舞申し上げます。
　昨日，ひかりの京都への切符を買いました。9月3日午後2時に出発する予定です。そうすると，夜5時か6時ごろ宇治に到着するでしょう。京都に着いてから，電話をかけます。
　出来るだけ内田智雄先生をお訪ねしたいので，内田先生とご連絡下さいませんか。
　私は，一度電話を掛けましたが，奥さんから内田先生が今名古屋の方へおいでになったと教えていただきました。必要であるならば，私は9月4日の帰り道で二・三時間内田先生の所へ行かせていただきたいと希望いたします。先生に手伝っていただければ，幸いだと考えております。
　御体に御気を御付け下さい。

敬具

　昭和50年8月28日

ハロ・フォン・センガー

奥村郁三様
　　　机下

■1975年9月15日

あさって（1975年9月18日）の朝早くに，飛行機で北京へ飛ぶ予定です。

その日に，中華人民共和国での留学生活が始まります。

とても忙しい中，日本学術振興会の係の女性から次のような手紙をいただきました。

親愛なるハロ様

　昨夜はどうもありがとうございました。又，いつでも会えるような錯覚が根強く私の頭を支配しているものの，もうずっと会えないかもしれないことを思い出すと，胸にあついものがこみあげて，無性にあなたが恋しく思われます。

　あなたはいつも忙しい人で，あなたの滞在中それほどひんぱんに会うことができなかったのが，残念です。来週の木曜日，あなたは東京を発ってしまう……。とても淋しいです。

　今日（土曜）は，一日中とても忙しく，いつもはお昼には帰れるのに，今，午後の4時半，まだ仕事をしています。"残業"というのか，しかし一方では，あなたを想ってせつない気持ちです。

　ところで，今日の電話のVisaの件ですが，入国管理事務所に電話したところ，火曜日にもう一度，私が山本氏に電話して欲しいとのことでした。東洋を出発しなければならない旨伝えておきましたから，きっとうまく処理してくれるものと思います。

　この件について，朝10時頃，山本さんに電話する予定です。他に問題はないと思いますが，もしかしたらあなたにこれに関して至急連絡する必要があるかもしれませんので，午前11時から午後1時半頃の間に一度お電話下さい。

　今朝，忙しくて，例の私の旅のお土産を送るだけで，手紙を書く余裕がもてませんでした。

　いつまでもいつまでも，あなたを忘れません。そして，私のささやかなプレゼントが無事あなたの手元に届きますように。

美代子

9月13日　4：40　p.m.

おわりに

　私は，当時この手紙（前頁）の中で「無性にあなたが恋しくて」という言葉を読んだとき，ドキドキしました。しかし，「無性に」という言い方がよくわかりませんでした。和英辞典を調べても，「無性に」という言葉がなかなか見つけられませんでした。中国語の知識から「無性」を分析すると，「性」という漢字は「sex」という意味を持っていますから，「I sexlessly love you」というように理解でき，「無性」が多分「プラトニックな愛」を指していると考えました。そうすると，自分の気持ちはまた静かになってしまいました。

　その後，忙しかったので，あの可愛い女性と会う機会はもうありませんでした。今でもとても残念だったと心の底から思っています。

　もし，この私への美代子さんの手紙が私の日本語の知識を試す試験だったと理解するなら，私はこの日本語の試験には明らかに通らなかったということになります。この点から見ても，日本語はとても難しい言葉だという事実が判明するでしょう。

2016年7月1日

資料1) 拓殖大学語学研究所日本語課の英文証明書（1975年7月10日）

TAKUSHOKU UNIVERSITY

TEL. 03 (947) 2261   3-4-14 KOBINATA, BUNKYO-KU, TOKYO, JAPAN   CABLE ADDRESS: TAKUSHOKU UNIV. TOKYO

July 10, 1975

TO WHOM IT MAY CONCERN:

    This is to certify that Mr. Harro von Senger was enrolled in this Language Center of Takushoku University as a full-time student from November 13, 1973, and received 562 hours of individual totorial instruction until now.

    His study materials included:

1. Primary School Japanese Reader: Books I to XII
2. Junior High School Japanese Reader: Book I
3. Ishii Ryosuke, Summary of Japanese Legal History
  （石井良助著．日本法制史概要）

His teacher was Mrs. Hisa Mukaida.

                         Hisa Mukaida
                         Instructor, Japanese Language Section

資料2)　日本学術振興会会長茅誠司会長様による保証書（1975年9月2日）

保　証　書

氏　　名　　ハロー　フォン　センガー
　　　　　　Harro Von Senger

国　　籍　　スイス国

生年月日　　1944年3月6日

現　　職　　日本学術振興会外国人共同研究員
　　　　　　東京大学・法学部

　上記の者の本会招へい期間中については、私の責任において下記事項を保証いたします。

記

1. 日本滞在中の費用及び帰国旅費

2. 入国目的以外の活動をさせないこと

3. 日本国法令を遵守させること

　昭和50年9月2日

　　　　　　　　　　　　　日本学術振興会
　　　　　　　　　　　　　　会長　茅　　誠　司

資料3） 東京大学法学部学長池原季雄様による証明書（1975年9月5日）

<u>東 京 大 学 法 学 部</u>

東大法証第191号

証　　明　　書

HARRO　VON　SENGER

上記の者は，本学部客員研究員として昭和48年10月28日より昭和50年10月20日まで「東洋法制史」を課題として，その研究に従事するものであることを証明する。

昭和50年9月5日

東京大学法学部長
　　池　原　季　雄

資料4) 東京大学法学部教授滋賀秀三先生による推薦状（1975年9月6日）

THE UNIVERSITY OF TOKYO
HONGO, BUNKYO-KU, TOKYO, JAPAN

Faculty of Law

December 9, 1972

Dr. Harro von Senger
National Taiwan University
Boy's Dormitory No. 4 Room 210
Taipei
Republic of China

Dear Doctor von Senger:

    I know your name through your interesting publication "Kaufverträge im traditionellen China".

    Professor Ryosuke Ishii told me that you are now in Taipei and going to apply for a fellowship to Japan Society For The Promotion Of Science in order to study in Japan for a year. Because he has retired from the University of Tokyo, he asked me to act as your expectant research supervisor in Japan whose letter of recommendation is required in the procedure for application.

    I am willing to take that responsibility if you wish. Please fulfil the enclosed application forms and send them back to me together with other required documents.

    Sincerely yours,

    Shuzo Shiga
    Professor of Law
    with speciality of
    History of Chinese Law

P.S. The application forms will be sent by another post as "Printed Matter"

【著者略歴】

ハロ・フォン・センガー（Harro von Senger）は1944年3月6日に生まれる。スイス国籍。父親は建築学の大学教授で、母親は新聞学の博士。1951年から1955年まで、スイスの小さな農村Willerzellの小学校、1955年から1963年までEinsiedelnのベネディクト会修道院のギムナジウムに通い、ラテン語やギリシャ語などを学ぶ。この学校の約300人のカトリックの生徒中、フォン・センガーはただ一人のプロテスタントの生徒であった。Matura（スイスの高校卒業・大学入学資格試験）を全校で一番良い成績で合格し、卒業する。

1963年から1969年まで、チューリヒ大学法学部で学び、また学生自治会でも活動する。1967年にLizentiat utriusque juris（法学修士）を、1970年Doctor utriusque juris（法学博士）のタイトルを受ける。博士論文の題名は「伝統中国売買契約の研究」。それは中国の法律にかんするスイス人の書いた最初の博士論文でした。1969年から1971年まで、チューリッヒ市とチューリッヒ州の二つの裁判所で司法修習生として働く。1971年にチューリヒ州の弁護士資格試験に合格し、弁護士の資格を取得。

1971年8月から1973年10月まで国立台湾大学法学部で著名な法理論研究家、Herbert Han-Pao Ma（馬漢寶）教授に老師事し、台湾の国立師範大学の国語センターで中国語を学び、1973年10月から1975年9月まで日本に留学。東京大学法学部で中国の法制史の権威、滋賀秀三教授（1921年5月1日-2008年2月25日）指導の下、研究をするかたわら、拓殖大学日本語センターにて日本語を学ぶ。1975年から1977年までは中華人民共和国に留学し、北京大学歴史学部と哲学学部で中国の歴史と中国てきのマルクス主義の哲学（Sino-Diamat）を研究する。

1981年から、スイス・ローザンヌにあるスイス比較法研究所の中国および日本法専門家として研究を続ける。

1989年より、ハロ・フォン・センガーはドイツのフライブルグ（Freiburg im Breisgau）にあるアルベルト・ルートヴィッヒ大学（Albert-Ludwigs-Universität）に漢学生涯教授（ライフタイム教授）として勤務。1997年には、スイス外務省の9人の人権調査団の団員の一人として一週間チベットを訪問。

フォン・センガーは西洋人として初めて智謀学中の精粋である中国三十六計についての本を（Strategeme, Scherz Verlag, Bern）書き，1988年に出版，2008年に彼は中国の謀略学についての最初の西洋の本を（Moulüe – Supraplanung, Hanser Verlag, München）出版しました。彼の本は，中国語と日本語が含む14言語に翻訳され，全世界で約50万部を売り上げる。その本により，ハロ・フォン・センガーは西洋での中国専門家の中でも最も愛読される著者となった（Frankfurter Allgemeine Zeitung 2000年8月10日の記事による）。

　2008年，日本のダイヤモンド（Diamond）出版社がハロ・フォン・センガーの2004年Hanser Verlagでドイツ語で出版した新書 "36 Strategeme für Manager" を出版しいました（兵法三十六計かけひきの極意——中国秘伝！「したたか」な交渉術）。

　ハロ・フォン・センガーは21世紀の中国マルクス主義（シノマルクス主義）の唯一の西洋の専門家であるように思われます，参照：Harro von Senger; Marcel Senn（エディタ）：Maoismus oder Sinomarxismus?, Verlag Franz Steiner, Stuttgart 2016）。

　著者のサイト：www.36strategeme.ch // www.supraplanung.eu

日の丸の中の白十字
あるスイス人の日本語日記（1973年～1975年）

2016(平成28)年7月25日　第1版第1刷発行
008-3:012-060-020

Ⓒ著　者　Harro von Senger
（ハロ・フォン・センガー）

発行者　今井 貴・稲葉文子
発行所　株式会社　信山社

〒113-0033　東京都文京区本郷 6-2-9-102
Tel 03-3818-1019　Fax 03-3818-0344
笠間才木支店　〒309-1600 茨城県笠間市笠間 515-3
Tel 0296-71-9081　Fax 0296-71-9082
笠間来栖支店　〒309-1625 茨城県笠間市来栖 2345-1
Tel 0296-71-0215　Fax 0296-72-5410
出版契約 2016-008-3-01011　Printed in Japan, 2016

印刷・ワイズ書籍(Mi)　製本・渋谷文泉閣 p.208
ISBN978-4-88261-008-3 C0095 ¥1800E

JCOPY〈(社)出版者著作権管理機構 委託出版物〉
本書の無断複写は著作権法上での例外を除き禁じられています。複写される場合は，
そのつど事前に，(社)出版者著作権管理機構（電話03-3513-6969, FAX03-3513-6979,
e-mail: info@jcopy.or.jp）の許諾を得てください。